Die Waidmannssprache

Ein Vademecum
für
Jäger und Jagdliebhaber

AF200400

Die Waidmannssprache

—

Ein Vademecum

für

Jäger und Jagdliebhaber

Zusammengestellt von

Liebermann von Sonnenberg

Hauptmann z. D.

—

Impressum:

© 2018 Karl O. Weiß (Hrsg. u. Bearb.)

Herstellung und Verlag: BoD-Books on Demand, Norderstedt.

ISBN: 978-3-74606-844-2

Vorwort.

Für den Jagdliebhaber muß es von Wichtigkeit sein, wenn er im Umgange mit gebildeten Waidmännern und als Teilnehmer an ihren Jagden deren Kunstsprache verstehen und sich verständlich machen kann; daher sollen in diesem Handbuch bei jeder Wildgattung die technischen Ausdrücke angegeben werden, wie man sie in verschiedenen fachwissenschaftlichen Werken über die edle Waidmannskunst aufgeführt findet.

Übersicht und Einteilung

des

in unsern Gegenden vorkommenden Wildes.

Es gehören:

I. Zur Hohen Jagd.

a. Haarwild.

Hoch-Rotwild: Edelhirsche. – Edeltiere. – Hirschkälber. – Wildkälber.

Das Elennwild.

Damwild: Damhirsche. – Damtiere. – Damhirschkälber. – Damwildkälber.

b. Federwild.

Der Schwan. – Der Trappe. – Der Kranich. – Das Auerhuhn. – Der Fasan. – Der Focke.

c. Raubtiere.

Der Bär. – Der Luchs.

II. Zur Mitteljagd.

a. Haarwild.

Nieder-Rotwild: Rehböcke. – Rehe (Ricken). – Rehkälber.

Schwarzwild: Hauende Schweine. – Angehende Schweine. – Keiler. – Bachen. – Frischlinge.

b. Federwild.

Das Birkhuhn. – Das Haselhuhn. – Der lerchengraue Regenpfeifer. – Der große Brachvogel.

c. Raubtiere.

Der Wolf.

III. Zur Niederjagd.

a. Haarwild.

Der Hase. – Das Kaninchen. – Der Biber. – Das Eichhorn

b. Federwild.

Das Schneehuhn. – Das Moorschneehuhn. – Die Waldschnepfe – Das Rebhuhn. – Die Wachtel. – Die Drosseln. – Seidenschwanz. – Der Gimpel. – Die wilden Tauben. – Die Raake. – Der Pirol. – Der Kuckuck. – Die Lerche – Küsten- und Uferlaufvögel, das sind: Regenpfeifer, Sanderling, Strandreiter, Austernfischer. – Die Kibitze. – Reiher. – Die Knellen. – Die Wasserläufer. – Die Pfuhlschnepfen. – Die Sumpfschnepfen oder Becassinen. – Wasserralle. – Die Rohrhühner. –

Die Hurbel. – Steißfuß. – Die Meerschwalben. –
Die Möwen. – Die wilden Gänse. – Die wilden
Enten. – Die Säger. – Seetaucher.

c. Raubtiere.

Der Dachs. – Die Fischotter. – Die Sumpfotter.
Fuchs. – Die wilde Katze. – Die Marder: a) Der
Steinmarder, b) der Baummarder. – Der Iltis. –
Die Wiesel

IV. Raubvögel.

Die Geier. – Die Aasgeier. – Der Bartgeier. – Die
Adler – Die Milanen. – Die Bussarde. – Die
Weihen. Habicht. – Die Edelfalken. – Die Eulen.
– Die rabenartigen und krähenartigen Vögel.

Erstes Kapitel.

Die Hohe Jagd.

—

Erster Abschnitt.

Das Haarwild.

I. Das Hoch-Rotwild.

Waidmännische Ausdrücke: Beim Edelwild heißt das männliche Geschlecht **Hirsch**, **Edelhirsch** oder **Rothirsch**; das weibliche **Tier**, **Rottier**, **Stück Wild**; die Jungen (Kälber) heißen nach dem Geschlechte verschieden, **Hirschkalb** und **Wildkalb**: Mehrere zusammen nennt man einen **Trupp** oder ein **Rudel**.

Schalen heißen die hornig gespaltenen Klauen.

Tritt, der mit dem Ballen und den Schalen hinterlassene Eindruck im Boden.

Fährte, mehrere hintereinander folgende Tritte der Vorder- und Hinterläufe.

Oberrücken, **Geäfter** oder **Aftern**, beide über den Ballen stehenden hörnernen Spitzen.

Läufe heißen die Beine von allem **Haarwild**.

Die Blätter stehen über den Vorderläufen, — die **Keulen** über den Hinterläufen, — das **Schloß** liegt zwischen den letztem.

Zimmer oder **Ziemer** ist der Teil über der Kugel von hinten bis zu den Rippen; der **Rücken** fängt von hier an und geht bis zum Halsknochenwirbel.

Flanken heißen die Dünnungen.

Wildpret oder **Wildbret** ist das Fleisch von allem Wild.

Schweiß ist Blut. — **Feist** ist Fett.

Kehlbraten sind die beiden Streifen Wildbret, die neben der Gurgel an der Wirbelsäule anliegen, und **Mehrenbraten** sind jene am Rückgrat über den Nieren.

Lichter, die Augen des Edelwildes. — **Gehör** auch **Lauscher**, die Ohren. — **Haut**, das Fell.

Es färbt sich, wenn es die Winterhaare verliert.

Geräusch, **Gelünge** oder **Lunze** ist Herz, Lunge und Leber zusammen.

Drossel, die Luftröhre. — **Drosselknopf**, der Kehlkopf.

Gescheide sind die vom Netz umschlossenen Gedärme. — **Wanst** oder **Pansen** der Magen.

Das Waideloch ist der Ausgang des Mastdarmes und öffnet sich unter dem Schwanze.

Blume auch **Wedel**, der Schwanz.

Losung sind die Extremente. — **Es löset** sich, Entleerung der Exkremente. — **Nässen** oder **Brunsten** ist Harnen.

Das Edelwild **steht in einem Revier**, oder **hat seinen gewissen Stand darin,** wenn es längere Zeit täglich darin angetroffen wird; — **es steckt in einem Teile desselben**, wenn es sich bloß zufällig verweilt, ohne seinen Stand darin zu haben.

Es tut sich nieder, — es legt sich nicht.

Das Bett ist der Ort der Ruhe im Holze, von welchem Laub und Rasen mit den Läufen weggeschlagen ist; ist dieser Platz aber auf einer Wiese und der Rasen nicht weggeschlagen, so sagt man das **Niedertun**.

Wechsel nennt man den Gang des Hochwildes um Nahrung zu suchen. — **Äsung** oder **Geäse** ist das zu seiner Sättigung Gewählte. — **Es äset sich**, wenn es die Nahrung zu sich nimmt.

Feist, nicht fett, wird es bei guter, — **schlecht**, nicht mager, bei schlechter Äsung.

Es zieht auf die Äsung, es geht nicht danach.

Es zieht zu Holze, und **tritt aus demselben** auf Felder und Wiesen oder Gehaue.

Es ist flüchtig, es rennt nicht. — **Es trollt**, wenn es sich trabend bewegt. — **Es geht vertraut**, bei der Bewegung im Schritt.

Es flieht oder **fällt über Vermachungen und Jagdzeug**; es springt nicht darüber.

Es fällt ins Garn, es springt oder stürzt nicht hinein.

Es ist verwundet, wenn es einen Schuß erhalten hat.

Es stürzt oder **bricht zusammen**, wenn es in Folge einer tödlichen Verwundung fällt.

Es klagt, wenn es aus einem Gefühl der Hilflosigkeit oder Schmerzes z. B. beim **Genickfangen** (Abnicken, Nicken) einen schreienden Laut ausgibt.

Es endet oder **verendet**, wenn der Tod eine Folge der Verwundung ist.

Es fällt oder **geht ein**, wenn der Tod durch Kälte, Hunger oder Krankheit veranlaßt wird.

Man bricht es auf, indem man nach dem Verenden Gescheide und Lunze herausnimmt.

Man zerwirkt und **zerlegt es**, um es in der Küche zu benutzen.

Es brunstet d. h. es begattet sich.

Brunstzeit ist Begattungszeit.

Brunstplatz – der Ort, wo der Hirsch mit dem weiblichen Wild brunstet. **Orgeln** oder **Schreien** ist der Laut des Hirsches in der Brunstzeit, **Mahnen** ist der des Tieres.

Mahnen gebraucht man auch, um dadurch jedes Zeichen anzudeuten, welches der Jäger dem sich flüchtig ihm nähernden Wilde durch leises Pfeifen, Husten, Zerknicken eines dünnen

Reises u. dgl. gibt, um es für den Moment zum Stutzen (Stehen) zu bringen.

Es tritt auf die Brunst, wenn der Hirsch das Wild zu Anfang der Brunstzeit aufsucht.

Der Beschlag heißt die Begattung, oder man sagt: Der Hirsch **beschlägt** das Tier.

Es ist **hochbeschlagen** oder **tragend**, wenn das Tier während der Brunst empfangen oder sich bezogen hat.

Rute heißt das männliche Glied, und die langen Haare an seinem vorderen Teile **Pinsel**.

Kurzwildbret – die Hoden.

Feigenblatt heißt das weibliche Glied.

Das Gesäuge ist das, was beim Rindvieh der Euter heißt.

Das Tier **setzt** ein Hirsch- oder Wildkalb, – es gebiert nicht, und **Die Setz-** oder **Satzzeit** ist die Zeit zu welcher dieses geschieht.

Es meldet sich wenn das Tier, so lange die Kälber noch klein sind, einen Schreckenslaut von sich gibt.

Das Wildkalb d. i. das Junge weiblichen Geschlechts, behält diesen Namen das ganze erste Jahr.

Schmaltier heißt es im zweiten Jahre und so lange bis es brunstet (welches zuweilen in diesem, oder doch im folgenden Jahre geschieht.)

Ein altes Tier heißt es, sobald es das erste Mal hochbeschlagen ist.

Geltes Tier oder **Gelt-Tier** nennt man es, wenn das alte Tier nach der Brunstzeit nicht hochbeschlagen ist.

Das Hirschkalb d. i. das Junge männlichen Geschlechts, setzt, wenn es das erste Jahr vollendet hat, zwei Spieße auf und wird dann Spießer genannt.

Rosenstock ist der Stirnbeinhöcker und die Stelle, wo die Spieße auf dem Kopfe aufstehen.

Das Gehörn erhebt sich aus dem Rosenstock, und wird mit dem Namen **Kolben** so lange belegt, bis es **vereckt** ist (d. h. sich völlig ausgebildet hat und bis zu den Spitzen verhärtet ist;) dann fegt der Hirsch d. h. er reibt den Bast ab.

Rosen nennt man den, unten an den Spießen, wie an jedem künftigen Geweih, rund umher vorstehenden, mit ungleichen kleinen Erhabenheiten besetzten Teil jeder einzelnen Stange.

Perlen nennt man die perlförmigen braunen Erhabenheiten, mit welchen die ganzen Stangen, besonders aber die Rosen dicht besetzt sind; die an den Rosen heißen auch **Steine**.

Gabelhirsch oder Gabler nennt man den Hirsch wenn er bei vollen 2 Jahren zum ersten Male abwirft, d. h. Er verliert die Spieße und setzt während des nächsten Sommers wieder auf. Er bekommt dann gewöhnlich an jeder Stange, nicht weit über den Rosen, einen spitzig nach den Augen zulaufenden Auswuchs, den man die **Augensprosse** nennt. Von nun an heißt der ganze aus porösem Horn bestehende Auswuchs auf dem Kopfe, welcher von Jahr zu Jahr sich erneuert, **das Geweih**, bei starken Hirschen **Gewicht**; der Teil aber, den man vorher Spieße nannte, wird als **Stangen** bezeichnet. Der Hirsch bekommt zuweilen, wenn er das zweite Geweih aufsetzt, an einer oder beider Stangen, noch ein Ende über den Augensprossen, welche man **Eissprosse** nennt. Im ersten Falle heißt er dann ein Hirsch **an ungeraden Enden**, im andern **an geraden Enden**. Überhaupt wird die Zahl der Enden doppelt angesprochen nach der Stange an welcher die meisten gültigen sichtbar sind.

Ein Ende nennt man jeden spitzigen Auswuchs an den Stangen an welchen ein Handschuh hängen bleibt, — im allgemeinen auch die Augen- und Eissprosse.

In den nächstfolgenden Jahren nimmt die Zahl der Enden zu, wenn nicht besondere Umstände eintreten.

Geht der oberste Teil der Stangen in 2 Enden aus, so heißen diese zusammen **Gabel**; sind aber mehrere daneben, **Krone**.

Bast ist die rauhe wollige Bedeckung des neuen Geweihs.

Fegen ist das Abreiben des Bastes an jungen Baumstämmen, wenn das Geweih bis zur Spitze reif ist.

Gefege sind die abfallenden Stücke Bast.

Der Hirsch hat sein Geweih vereckt, wenn das Geweih ganz vollkommen ist; —, und zwar **hoch**, wenn die Enden lang; **kurz**, wenn sie nur kurz sind.

Ein jagdbarer oder **guter Hirsch** ist der, welcher wenigstens 12 Enden hat und 300 Pfund wiegt. Weniger — ist er nur **schlecht jagdbar**.

Kapitalhirsch ist ein sehr alter, starker und guter Hirsch; dieser hat ein **gutes, prächtiges Gewicht** oder Geweih, nie ein schönes.

Er spricht den Hirsch an: ist die Äußerung des Waidmanns über die Stärke desselben, entweder nach der Anschauung oder nach der Fährte;

Ist der Hirsch sehr stark und feist, so sagt man: **er sieht gut aus am Leibe**, oder **er ist ein guter**, ein **Kapitalhirsch**.

Schlecht am Leibe ist er nach der Brunst und nach einem harten Winter — nicht mager.

Er geht in die Suhle und **suhlt sich**, d. h. er sucht Moderlöcher auf und wälzt sich darin, wenn er feist ist, um sich abzukühlen.

Kümmerer wird der Hirsch genannt, der verwundet war, aber ausgeheilt ist. Im engeren

Sinne wird auch der so genannt, welcher Schaden am Kurzwildbret litt.

Wenn der jagdbare Hirsch nach dem Schusse **zusammenbricht** (stürzt) oder wenn ihn die Hunde niederziehen, wird er mit dem Hirschfänger **abgefangen**, indem man diesen durch die linke Brusthöhle aus in die Herzkammer stößt; der schwächere, das Tier und das Kalb werden **genickt**, indem man den Kopf vorwärts biegt, und den Nickfänger da, wo der Hirnschädel mit dem ersten Halswirbel verbunden ist, bis in das Gehirn hineindrückt.

Die Haut des in Europa einheimischen Edelwildes ist **im Sommer** mit kurzen, teils hellrot-braunem, teils dunkelrot-braunem Haar besetzt, welches nur am Geäse (Maule) ins Schwärzliche, um das Waideloch herum ins Gelbe fällt. Nur die Kälber haben in den ersten Monaten ihres Lebens ihre braun-rötliche Haut mit kleinen weißen Flecken besäet, die sich gegen den Herbst verlieren.

Gegen Winter nimmt das Haar eine gelbbräunlich-fahle Farbe an und verlängert sich.

Im Monat Mai, oder bei ungünstigen Einflüssen mehrere Wochen später, **färbt es sich**, d. h. es verliert das Winterhaar und erhält die erwähnte Sommerbedeckung. Eine besondere Eigenheit bilden die Tränenbälge. Sie befinden sich unter dem Vorderwinkel der großen, braungelben

Lichter (Augen) sind einen Zoll tief, ebenso lang, acht Linien breit und haben inwendig eine dünne gefaltete Haut. In denselben sammelt sich eine mit Haaren vermischte gelblich zähe Masse, welche hart wie Horn, glänzend wird, anfänglich übelriechend ist, später aber eine Art Wohlgeruch annimmt. Das ist der **Hirsch-Bezoar**.

Witterung nennt man den Sinn des Geruchs.

Äugen „ „ „ „ „ Gesichts.

Vernehmen „ „ „ „ „ Gehörs.

Annehmen d. h. wenn der Hirsch verwundet oder durch Hunde geängstigt ist, er den Kopf nach vorwärts biegt, die Spitzen der Augensprossen gerade auf den anzugreifenden Gegenstand richtet und mit großer Schnelligkeit drauf losfährt.

Das Edelwild **schlägt** die Salzlecken **aus** d. h. leert sie aus.

Die verschiedenen Eigenheiten an der Fährte des Hirsches werden **Zeichen** genannt und nur der Jäger wird für **hirschgerecht** zu erklären sein, der danach durch lange Beobachtung bestimmt anzusprechen weiß.

Es gibt viele Kennzeichen um aus der Fährte den Hirsch richtig ausrechen zu können, einige welche **gerecht** sind, sollen hier folgen d. h, solche die selten trügen.

1) Der **Schrank** oder das **Schränken** besteht darin daß, wenn der Hirsch feist ist, oder im Schnee, Sande und Moder fortzieht, die Tritte des rechten und linken Laufes nie gerade hinter- sondern nebeneinander kommen. An der Weite des Schrankes erkennt man nur zu leicht die Schwere und Breite des Hirsches. Das **tragende** Tier schränkt auch zuweilen, doch gewiß nicht in 3 bis 4 Schritten nacheinander, der Hirsch hingegen ununterbrochen.

2) Der Hirsch schreitet schon zu 4 Jahren weiter aus als das älteste Tier. Dies Zeichen heißt **der Schritt**. Es ist in jedem Boden auch beim tiefen Schnee und im Flußsande bemerkbar. Schreitet er 2 ½ Schuh weit, so kann er füglich ein Gehörn an 10 Enden tragen.

3) Der **Zwang** oder das **Zwängen** entsteht dadurch, daß der Hirsch die im Tritte zusam- mengepreßte Erde zum Teil mit den Schalen fest an sich und rückwärts zieht.

4) Der **Burgstall** oder das **Grimmen** stellt sich in der Mitte des Trittes als eine kleine, gewölbte der Länge nach ausgedehnte Erhabenheit dar, welche durch das feste Ein- und Vorwärts- drücken des Ballens gebildet wird. Im feuchten Lehm- und Sandboden ist dieses Zeichen deutlich.

5) Den **Beitritt** macht der feiste Hirsch, indem er mit dem Hinterlauf etwas neben den vordern

tritt; beim tragenden Tiere kommt er zuweilen auch vor.

6) Der **Kreuztritt** entsteht, wenn die Tritte der hinteren Schalen die der vorderen kreuzen. Beim Tiere wird er nie bemerkt.

7) Das **Zurückbleiben** oder **Hinterlassen** entsteht, wenn die Tritte der hinteren Schalen etwas hinter den vorderen sich in den Boden eindrücken. Nur **alte** feiste Hirsche machen dies Zeichen, Das **alte** tragende Tier bleibt auch zurück, aber die Hinterfährte wird immer etwas seitwärts gegen die vordere stehen.

8) Die Übereilung findet man nur bei jungen und schlechten Hirschen, wo der Hintertritt ganz gerade **vor** dem vorderen steht.

9) Der Hirsch **setzt die Schalen auswärts**, woran man erkennt, welches die rechte oder linke Fährte ist, welches Erkennen beim Schränken von Nutzen ist.

10 Beim **Blenden** tritt der schlechte Hirsch mit der hinteren Schale so in die vordere Fährte, daß sie sich dadurch vergrößert. Um hierbei die Verwechselung mit einem Kapitalhirsch zu vermeiden, muß man darauf achten, ob sich in der Fährte 2 oder 4 Tritte darstellen.

11) Eins der sichersten Zeichen ist **das im guten Boden eingedrückte Geäfter** oder **die Oberrücken**. Beim Hirsch ist der Eindruck fast so stark wie ein Daumen, beim Tiere spitz und

schmal; bei ersterem erscheinen die Eindrücke in die Breite, bei letzterem in die Länge gestellt.

12) **Die Schalen** des Hirsches sind vorn stumpfer als die spitzig bleibenden des Tiers. Dies Zeichen heißt die Stümpfe.

13) **Das Fädlein** wird beim Hirsche bewirkt, daß bei gutem Boden in der Mitte des Trittes ein kleiner, erhabener oben zugeschärfter Längsstrich sich darstellt. Beim Tiere bleibt viel Erde zwischen dem Abdrucke der Schalen.

14) Wenn nach langer Dürre ein kurzer, starker Regen gefallen ist und der Hirsch in fettem Boden vom Felde zu Holze zieht, so behält er ganze Stücke Erde in und an den Schalen, die, wenn er zuerst auf Rasen tritt, abfallen, — welches Zeichen man **Insiegel** nennt.

15) Ebenso sicher ist das Zeichen **des Abtritts**, welches entsteht wenn der Hirsch mit den Schalen das grüne Getreide oder junge Gras abschneidet, wovon man die Stücke in den Fährten findet. Sind diese Grashalmen noch grün, so ist der Abtritt frisch, sind sie schon etwas gewelkt so ist er vom vorigen Tage. Das Tier dagegen quetscht das Grüne nur in der Fährte zusammen, tritt es nicht ab.

16) **Der Einschlag** ist untrüglich, d. i. wenn der Hirsch beim Abtritt Getreide oder Gras in den Schalen hat, und dieses, sobald er über harten Boden zieht, in der Fährte liegen bleibt.

17) **Die reine Fährte** macht der Hirsch, wenn sie im nassen Sande ganz ausgedrückt steht; die Fährte des Tiers fällt leichter zu, weil es nicht so beschlossen geht.

18) Zieht der Hirsch über senkige Wiesen oder Bruch, so hebt er den Kot über den Schalen mit heraus und läßt ihn umgedreht liegen. Dies Zeichen heißt **das hohe Insiegel**.

19) Wenn sich der Hirsch aus dem Bette erhebt, macht er mitten in demselben einen Tritt, denn sogenannten **Schloßtritt**.

20) Wenn der Hirsch zu Holze zieht, macht er oft **den Wiedergang**, indem er vor demselben umkehrt, etwas zurückzieht und dann einen Bogen nimmt. Beim genauen Verspüren, vorzüglich aber beim Vorsuchen mit dem Leithunde, hat man hierauf besondere Rücksicht zu nehmen und den Wiedergang auszumachen, um nicht mehr Hirsche anzugeben, als gewechselt haben.

21) Ist der Schnee naß und weich, so bleibt er an den Schalen kleben und der Hirsch wirft ihn in Klumpen heraus, in welchen man mehrere der vorher angeführten Zeichen findet z. B. den Burgstall, das Fädlein etc.

22) Der Hirsch brünstet oder näßt zwischen die Fährte; das Tier mitten in dieselbe hinein.

23) Er kehrt und schiebt das Moos und Heidekraut beim Darüberziehen so um, daß die Wur-

zeln in die Höhe stehen. Dies Zeichen heißt **der Umschlag**.

24) **Das Schlagen** oder **Fegen** — sonst auch **Himmelsspur** genannt — ist gleichfalls ein untrügliches Zeichen des Hirsches, auf das man bei hartem Boden, wo man die Fährte nicht finden kann, acht haben muß; und je stärker der Hirsch, an desto dickeren Holzstangen fegt er, — und desto höher hinauf erscheinen diese von der Rinde entblößt.

25) **Das Wenden** oder **Himmelszeichen** macht der Hirsch, wenn er durch junge Laubhölzer zieht und die Ästchen, mit dem Geweih streichend, abgeknickt umwendet; so daß die obere Seite des Laubes nach untengekehrt hängen bleibt.

26) Die Losung des Hirsches ist zu allen Jahreszeiten von der des Tieres merklich verschieden; sie verändert sich aber nach der Fruchtbarkeit der Gegend, in welcher er seinen Stand hat, und der Jäger muß scharf beobachten um danach richtig ansprechen zu können.

Im Winter ist die Losung des Hirsches in kleinen dünnen Stücken, rund geformt. Eins dieser Stückchen hat ein Zäpfchen, welches in die Höhlung des andern paßt. Die des Tiers fällt in ungleicher Form, fast wie bei den Schafen.

Im Frühjahr wird die Losung des Hirsches feister, die Knoten dicker, sie drückt sich breiter, fällt haufenweise und hängt fast wie bei den Sauen ineinander; nach und nach wird sie härter; bei den Tieren hingegen fallt sie einzeln und klein wie bei den Ziegen.

Im Sommer wird sie länglich rund, bekommt Zäpfchen und ist bis in den August mit Schleim überzogen; dann sieht sie ganz feist aus, ist aber hart und fällt traubenförmig zusammenhängend.

Im Anfang des September ist sie zwar noch gezapft, wird aber von Tage zu Tage dünner.

Im Oktober und November sieht die der Tiere, welche nun schleimig und zusammenhängend wird, besser aus als die der Hirsche. Dies ist die Zeit wo der Waidmann besonders vorsichtig sein muß, um nach der Losung nicht falsch anzupreschen; denn auch die des Hirsches verbessert sich dann oft merklich, weil er sich durch gute Herbstäsung sehr erholt.

II. Das Elennwild.

Die für das Edelwild gebräuchlichen waidmännischen Ausdrücke finden auch Anwendung auf das **Elennwild**, nur werden die nach oben handförmig sich ausbreitenden Stangen am **Gewicht** des Hirsches **Schaufeln** genannt. Ein eigentümliches, bis jetzt nur beim Elennwild und Rentier beobachtetes Knaken, welches vielleicht durch Anschlagen der **Oberrücken** (Afterklauen) an die Ballen, hervorgebracht wird, heißt **Schellen**.

Außer dem Geweih zeichnet der Elennhirsch sich durch den oben auf dem Halse befindlichen, aus 7 ½ ' langen borstigen Haaren bestehenden **Schopf** vor dem Tiere aus.

III. Das Damwild.

Im allgemeinen bedient man sich bei dieser Wildart derselben Ausdrücke wie auf Edelwild.

Die Stangen des Geweihes junger Hirsche behalten diesen Namen, so lange sie rund bleiben, wenn sie aber ober- und hinterwärts breiter werden und von der Seite platt gedrückt erscheinen, heißen sie **Schaufeln**. Daher bei stärkeren Damhirschen die Benennung: **Schaufelhirsch** oder **Schaufler**. — Die beim Edelhirsch angegebenen Zeichen, durch welche er sich in der Fährte vom Tiere unterscheidet, sollen sich auch beim Damhirsche auffinden lassen; jedoch ist er schwieriger, indem der Abdruck des stärksten Damhirschtrittes kleiner ist, als der eines Edelhirsches von sechs Enden.

Der Tritt des alten Damtieres ist selten stärker als der eines Rotwildkalbes im Oktober.

Zweiter Abschnitt.

Federwild.

Bei dem zur Hohen- und Mitteljagd gehörigen Federwilde sind folgende Ausdrücke als gemeingültig angenommene. Abweichende Ausdrücke werden bei den einzelnen Arten angegeben werden.

Stand heißt der Aufenthalt des Federwildes.

Es steht auf dem Baume oder auf der Erde; es sitzt nicht.

Es **steigen** oder **treten** zu Baume diejenigen Arten, welche auf Baumzweige gehen.

Es hat **Füße**.

Es balzt, wenn es sich begattet.

Balzzeit, Begattungszeit.

Balz, der Ort wo es sich begattet.

Es wird **aufgebrochen**, nicht ausgenommen oder ausgeworfen.

Geräusch sind die edlen inneren Teile, Herz, Lunge, Leber.

Gescheide, die Gedärme.

Es äset oder **sucht sich Äsung**; es frißt nicht.

I. Der Schwan.

In Deutschland sind 3 Arten in wildem Zustande zuweilen anzutreffen: a. **Der Singschwan**. b. **Der Höcker oder stumme Schwan**. c. **Der kleine Singschwan**.

II. Der Trappe.

III. Der Kranich.

IV. Das Auerhuhn.

Auergeflügel ist der Ausdruck für beide Geschlechter:

diese sind **Auerhahn** und **Auerhenne**. Bei den Auerhähnen ist der Balzlaut zu bemerken, welcher in 3 Teile zerfällt, die zusammen der Balzlautsatz heißen.

a) **Das Knappen** ist ein gleichsam doppelt schnalzender Laut, welcher ungefähr klingt, als wenn 2 völlig ausgedörrte Stöcke von hartem Holze ohne Schale zusammen geschlagen werden, dieser Laut tritt gemeiniglich fast in Zusammenhang mit

b **Dem Hauptschlage**, einen besonders sich unterscheidenden, in abgesetztem Mitteltone vernehmbaren, dem prallenden Zungenklatsch allenfalls zu vergleichenden Schnalzen; welchem

c) **Das Schleifen** oder **Wetzen** folgt, d. i. ein in tieferen und höheren, ungeregelten, jedoch nicht widrigen Tönen wechselndes, dem leisen Wetzen einer Sense ähnliches Geschwirr, welches selten über einige Sekunden anhält.

Dieses Schleifen ist für den Jäger wichtig, denn so lange es ertönt, **äuget** und **vernimmt** der Auerhahn in er Tat nicht; und je heftiger der

Liebestaumel ist, desto rascher erfolgen diese lauten Ausbrüche des Entzückens, –– dabei dreht und wendet er sich auf ein und derselben Stelle, oder geht auf dem Standaste mit vorwärts gestrecktem Kopf, aufgeblähtem Kropfe, herunterhängenden Flügeln, –– gehobenen radförmig ausgespreiztem **Spiele** (Schwanze) pathetisch langsam umher.

Den Einfall verhören heißt aus geeigneter Ferne des Abends die Standbäume und auf diesen die Standstätten der einfallenden Hähne, jene mittelst des Gehörs, diese, wenn es die Dunkelheit zuläßt, durch das Gesicht wahrnehmen zu können. Hat man sich von den vorhandenen Hähnen und dem Stande Kunde verschafft, so geht man morgens zur Vorrichtung der **Anspringe** (Annäherungs-) **Pfade**, von einem Punkte des Weges aus, auf welchem man am Morgen verhörte, bis in die Nähe der Standbäume.

Das Aufbrechen des Auerwildes, wie des **gesamten** zur **Hohen**- und **Mitteljagd** gehörenden **Federwildes** geschieht bei der Heimkunft auf folgende Weise. Das Auerhuhn wird **gestreckt** (gerade vor sich auf den Rücken gelegt) und vom **Waidloche** an nach der Brust zu, ungefähr 4 Zoll lang aufgeschärft, die Hand oberhalb des Magens bis zur Lungengegend eingeschoben und mit den gekrümmten Fingern das Gescheide von der Leber getrennt herausgezogen, zuletzt der Mastdarm mit dem Messer ausgelöst. **Das Geräusch** (Herz, Lunge, Leber) bleibt zurück.

V. Der Fasan.

Bei den Fasanen ist zu bemerken, daß das von einer Fasanhenne im Freien ausgebrachte Geheck **Gesperr**, der Schwanz des Hahns **Spiel** genannt wird.

VI. Der Focke.

Auch **Nachtreiher**, **Nachtrabe**, **bunter** oder **Schildreiher** genannt.

Dritter Abschnitt.

Raubtiere.

I. Der Bär.

Waidmännische Ausdrücke, insofern sie von den beim Edelwilde gebräuchlichen abweichen:

Der Bär hat **Branten** oder **Tatzen**, keine Füße.

Er brummt, er schreit, er brüllt nicht.

Er geht von oder **zu Holze**, er zieht und trollt nicht.

Er verläßt sein Lager oder **Loch** (nicht Bett) und sucht es auf.

Er erhebt sich, wenn er dieses verläßt, oder sich auf den Hintertatzen aufrichtet und **erniedrigt sich**, wenn er sich auf den vorderen niederläßt oder sich zur Ruhe begibt.

Er schlägt seine Feinde mit den Vordertatzen.

Er schlägt sich ein, wenn er sich ins Winterlager begibt.

Bärzeit, – Begattungszeit.

Er bäret, indem er sich begattet.

Die Bärin **setzt** oder **bringt Junge.**

Junge Bären, heißen sie vom ersten bis vollendeten 3ten Jahre;

Mittelbären, bis 6 Jahre und

Hauptbären im höheren Alter.

Der Bär wird **aufgeschärft,** nicht aufgebrochen; Die Haut **abgeschärft**, nicht abgehäutet.

Der **Pürzel** ist der Schwanz.

Der **Rachen** ist mit scharfen **Fängen** bewaffnet, Die Tatzen mit scharfen **Waffen** an den Zehen.

Der **Tritt** gleicht dem eines barfußgehenden Menschen, jedoch sind die Abdrücke der **Waffen** deutlich wahrnehmbar.

II. Der Luchs.

Der Luchs hat einen **Balg**, keine Haut; – **Waffen** oder **Krallen** an den Zehen, keine Nägel – **Fänge**, keine Zähne.

Er trabt, er geht nicht; er **schnürt**, er setzt einen Tritt ganz gerade hinter den andern; oder er **schränkt**, d. h. die Tritte stehen abwechselnd und in schräger Richtung, seitwärts voneinander entfernt.

Er hat ein **Lager**, kein Bett.

Er **raubt** und **reißt** das Wild, er fängt es nicht.

Er **baumt**, er geht auf einen Baum.

Er tut **Sprünge**, nicht Sätze, um seinen Raub zu fassen.

Er **frißt** von demselben, er äset nicht.

Der **Fang** oder **Riß** ist der Ort, wo er etwas geraubt und gerissen hat.

Er **ranzt** oder **begehrt**, wenn er sich begattet; – **Ranzzeit**, Begattungszeit.

Er **bringt Junge**, er wirft oder setzt nicht.

Er wird **gestreift**, wenn man die Haut ablöst.

Zweites Kapitel.

Mitteljagd.

—

Erster Abschnitt.

I. Haarwild.

Das Reh.

Das männliche Geschlecht heißt **Rehbock**, das weibliche **Ricke** oder **Geiß**.

Die Jungen nennt man **junge Rehe** oder **Rehkälber**, auch **Kitzchen**.

Spießbock ist der einjährige Bock, der das erste **Gehörn** trägt.

Gabelbock heißt er im zweiten Jahre, wenn er auf jeder Stange eine Gabel mit zwei Enden aufgesetzt hat.

Bock heißt er in der Folge, ohne wie beim Edelwild die Zahl der Enden anzusprechen; bei vorzüglicher Stärke wird er **braver, guter** Bock genannt (auch Kapital-Bock).

Pinsel ist der lange Haarbüschel, der am vorderen Ende der Brunstrute herabhängt. Das Reh hat keine Blume. Die Tränenhöhlen fehlen.

Schmalreh ist ein 1-jähriges weibliches Reh-kalb, und behält diesen Namen, bis es zum ersten Male gebrunstet hat; dann tritt für die übrige Lebenszeit die Benennung **Ricke**, **alte Ricke** ein, und wenn sie nicht hochbeschlagen ist **gelte Ricke**.

Aus dem **Feigenblatte** (weibliches Glied) steht ein langer Haarbüschel hervor, der **Wasser-zeichen** oder **Schürze** heißt.

Der **Spiegel** ist die weiße runde Scheibe um das **Waidloch** herum, die länger behaart ist als die übrige Haut.

Das Reh **schreckt**, **schmält** oder **meldet sich**, wenn es einen kurzen, blökenden Laut aus-stößt.

Es **klagt**, wenn es von Hunden, Menschen, Raubtieren gefangen, Schmerz oder Angst empfindet und dabei schreit.

Sprung ist der Ausdruck für Rehe, wenn man sie in Gesellschaft vereinigt findet.

Alle übrigen Ausdrücke, die beim Edelwilde ge-braucht sind, können auch auf Rehe Anwen-dung finden.

Während der Brunst im Juli und August **springt der Bock besonders eifrig aufs Blatt**, d. h. er eilt mit der größten Schnelligkeit dem Orte zu, wo der verborgene Jäger den Laut nachahmt, welchen das Schmalreh ausgibt, wenn es vom Bock gejagt wird. Diese Periode heißt auch die **Blattzeit**.

Um diesen Laut nachahmen zu können, bedient man sich eines besonderen **Rehrufs**, eines Instruments, welches man nach Gefallen höher oder tiefer stimmen kann.

II. Schwarzwild.

Die wilde Sau.

Der Waidmann benennt diese Wildart im allgemeinen **Sau**, wenn auf das männliche oder weibliche Geschlecht nicht besondere Rücksicht genommen wird.

Bache ist der Name des Muttergeschlechts. Sie **frischt**, sie wirft keine Junge wie die zahme Sau.

Die Jungen beiderlei Geschlechts heißen **Frischlinge**, und zwar bis zum Anfange des nächstfolgenden Jahres heurige; dann aber bis zur nächsten Brunstzeit **jährige**, **übergangene**, **überlaufene**. _ Von dieser Zeit an wird der weibliche übergangene Frischling **Bache**, und zwar ein ganzes Jahr **zweijährige**, im folgenden **dreijährige** Bache genannt. Sobald sie 4 volle Jahre alt ist, hört die Bestimmung des Alters auf, und man spricht sie dann als **starke** Bache an.

Der männliche jährige Frischling heißt bei vollen Jahren zweiähriger **Keiler**; ein Jahr später, dreijähriger Keiler.

Ist der Keiler 4 Jahre alt, so spricht man ihn als **angehendes Schwein**, bei 5 Jahren Alter als **hauendes** oder **gutes**, vom 7. Jahre an als **Haupt-** oder **grobes Schwein** an.

Gebreche heißt der Rüssel (auch manchmal die ganze Schnauze).

Die Sauen **brechen**, sie wühlen nicht in der Erde.

Gebräche dagegen, ist der durchwühlte Erdboden. Wenn die Sau bricht, so sagt der Jäger: **sie steht im Gebräche**.

Gewehr heißen die Hauzähne des Schweins, die bei den Bachen an derselben Stelle hervorstehenden, aber kürzeren und stumpferen 4 Eckzähne heißen **Haken**.

Borsten nennt man das lange über die Grundwolle hervortretende Haupthaar, das noch längere und strammere auf dem Rückgrade **Federn**.

Wammen sind die Dünnungen. — **Pürzel**, der Schwanz.

Das Schwein bekommt auf den Blättern eine oft fingerdicke Haut, **Schild** genannt.

Wenn die Sauen sich den Hunden widersetzen und stehen bleiben, so sagt man: **sie stellen**

sich; reißen sie aber aus, so sagt man: **sie gehen durch**.

Von Hetzhunden werden sie **eingeholt** und **gepackt**, — auch sagt man noch: **festgemacht** oder **gedeckt**, nicht gehalten.

Sucht der Keiler und das Schwein mit Hilfe des Gewehrs sich von den Hunden loszumachen, so heißt es: **er oder es streitet mit ihnen**; wird dieser Zweck der Befreiung erreicht, so **haben sie sich losgeschlagen**. Wird dabei ein Hund verwundet, so sagt man: **er ist geschlagen**.

Auch **schlägt sich das Schwein durchs Jagdzeug**; es fährt oder flieht nicht hindurch.

Den von den Hetzhunden gepackten Sauen **wird der Fang gegeben** oder sie werden **abgefangen**, nicht totgeschlagen.

Rudel nennt man eine Gesellschaft von mehreren Keilern, Bachen und Frischlingen. Besteht ein Rudel nur aus Kellern und Bachen, so heißt es ein **Rudel starker Sauen**.

Die **einzelne** Sau hat ein **Lager**. Das Rudel einen **Kessel**.

Die Sauen **schieben sich ein**; sie tun sich nicht nieder.

Sie **liegen** oder **stecken** in einem Reviere; sie stehen nicht in demselben.

Fraß oder **Gefräß** ist die Äsung.

Diese Wildart **vernimmt** und **wittert** sehr gut, desto weniger scharf **äuget** sie.

Das Schwein kann, wie der Keiler nur von der Seite und oberwärts, nie unterwärts **schlagen**.

Der Laut ist bei den Sauen ein wohlbehagliches oder leidenschaftliches **Grunzen**; **Schnaufen** entsteht bei unerwartet wahrgenommenen Gegenständen und bei Scheu; und **Gekreisch** bei Angst und Schmerz, — letzteres kommt nur von **Bachen** und schwachen Sauen, nie von **Schweinen**.

Beschlag heißt die Begattung.

Zweiter Abschnitt.

Federwild.

I. Das Birkhuhn.

Die im zweiten Abschnitt des ersten Kapitels der hohen Jagd bemerkten waidmännischen Ausdrücke bleiben auch auf alle zur Mitteljagd gehörenden Federwildarten anwendbar.

Die Bezeichnung **Birkhuhn** bezeichnet diese Wildart im allgemeinen ohne Rücksicht aufs Geschlecht.

Der **Birkhahn** (das Männchen) hat verschiedene Namen. Es sind die gewöhnlichsten: **kleiner Auerhahn**, **Heidehahn**, **Laubhahn**, **Spiel**- oder **Spillhahn**, **Brennhahn** und **Schildhahn**.

Birkhenne (das Weibchen).

Die Engländer nennen den Birkhahn **Schwarz-wild**, die Henne **Grauwild**.

Der Birkhahn **gewahrt** sehr scharf auch während des Balzens, so daß er **vor dem Ausbruche des gurgelnden und kollernden Schlußlautes**, selbst wenn er auf der Erde steht, selten, — auf Bäumen stehend, niemals sich beschleichen läßt.

Wer das Talent besitzt, verschiedene Tonarten mit der Stimme nachzuahmen, der kann mit Erfolg Birkhähne in der Balzzeit **auf das Gelocke schießen**. Nach vorgängiger **höchst vorsichtiger** Annäherung an den Balz (in erster Morgendämmerung und während die zunächst stehenden Hähne eifrig **kollern**) gibt der Jäger im möglichst heimlichen Versteck den Balzlaut des Hahns und zuweilen das Gackern der Henne; — der Hahn nähert sich dann, wenn er auf dem Baum sitzt, **im Fluge**, wenn er aber auf dem Boden balzte, **laufend**, und kann dann erlegt werden.

II. Das Haselhuhn.

Ziehen oder **liegen** (man sagt nicht stehen oder sitzen) mehrere Haselhühner hinter- und nebeneinander, so nennt man diese Gesellschaft eine **Kette**, solange aber die Henne ihre Jungen allein bei sich hat, ein **Volk**.

Sie spissen, d. h. sie rufen sich während der Balzzeit zusammen.

Sie werden gespißt, wenn man sie durch Nachahmung dieses Rufes lockt.

Sie **bisten**, (pfeifen) indem sie sich außer der Balzzeit rufen, und werden dann auch **gebistet**.

Das Haselhuhn ist auch unter dem Namen **Rothuhn** oder **Jerpe** bekannt.

Währen der Balzzeit **spißt** und im zeitigen Herbst **bistet** man es aus einer aus schwachen Knochen, z. B. Gänseflügelknochen, verfertigten Lockpfeife; —— deren Stelle auch die **Kapsel einer Eichel** vertritt.

III. Der lerchengraue Regenpfeifer.

heißt auch bei den Jägern **großer Brachvogel**, sonst auch **Steinwälzer, Eulenkopf, Triel, Griel, Steinpardel, Glut, Dickfuß, Polurer, dickknieiger Trappe**.

IV. Der große Brachvogel.

Er wird auch **Bracher, deutscher Bracher, Giloch, Windvogel, Gewittervogel, Jütvogel, Geisvogel, Goiser, krummschnäblige Schnepfe, Regenwulp** genannt.

Dritter Abschnitt.

Raubtiere.

Der Wolf.

Wird öfters auch zur hohen Jagd gerechnet.

Der Wolf hat **Lauscher**, keine Ohren; auch Gehör genannt.

Einen **Balg**, keine Haut.

Eine **Rute** oder **Standarte**, keinen Schwanz; die Spitze an derselben heißt **Blume**.

Die Zehen werden **Klauen**, die Eckzähne **Fänge** genannt.

Er **ranzt**, wenn er sich begattet. **Ranzzeit** nicht Brunstzeit. - Die Wölfin **wölft**, setzt nicht.

Er hat ein **Lager**, kein Bett oder Loch.

Er **trabt**, geht nicht und ist **flüchtig**, läuft nicht.

Er **raubt**, indem er ein lebendes Tier reißt, d. i. **packt** und **wirft**, d. h. niederzieht.

Er **frißt** den Raub.

Er wird **totgeschlagen**, wenn man seiner habhaft wird und nachdem er erlegt ist, gestreift wie der Luchs und Fuchs, d. h. der Balg abgelöst.

Er hat sich **durchgeschnitten**, wenn er sich durch das Zeug gebissen hat.

Unter **Rotte** bezeichnet man das Zusammensein mehrerer Wölfe.

Er ist vorn höher als hinten, daher kann er nicht lange auslaufen, d. h. nicht lange **flüchtig** sein.

Zur Warnung anderer Tiere und zum Anlocken anderer Wölfe, gibt er einen widrigen, helltönenden, **heulenden** Laut von sich.

Die Fährte des Wolfes hat viel Ähnlichkeit mit der eines starken Bauernhundes. Folgende Kennzeichen werden jedoch den Jäger vor irrigem Ansprechen bewahren:

1) Der Wolf **schnürt**, indem er wie der Fuchs die Tritte schnurgerade hintereinander setzt.

2) Der **Schritt** ist **weiter** als beim Hunde, weil der Wolf immer trabt.

3) Die **Ballen** drücken sich länger und schmaler aus und der ganze Tritt ist länglicher als beim Hunde.

4) Die **zwei mittleren Klauen** stehen stets dicht zusammen.

5) Die Nägel an denselben sind in jedem reinen Tritte scharf ausgedrückt.

6) eine ganze **Rotte** Wölfe tritt zuweilen große Strecken weit genau in die Fährte des vordersten; gewöhnlich so lange, bis sie sich trennt, um den Raub zu erjagen.

Jagdhunde und leichte Hetzhunde sind auch bei der Wolfsjagd anwendbar.

Drittes Kapitel.

Niedere Jagd.

—

Erster Abschnitt.

Haarwild.

I. Der Hase.

Der alte männliche Hase heißt **Rammler**, die weibliche **Häsin** auch **Satzhase**. Die jungen Hasen werden **halbwüchsig** genannt, wenn sie ihr Wachstum halb vollendet haben; **Dreiläufer**, wenn sie drei Vierteile ihrer vollkommenen Größe erreicht haben.

Löffel heißen die Ohren.

Seher, die Augen.

Läufe, die Füße wie bei allem Haarwilde.

Sprünge, die Hinterläufe.

Wolle, die Haare.

Blume, der Schwanz, auch **Federlein**.

Balg, die Haut, wie bei allem zur niedern Jagd gehörigen Haarwilde.

Spur die Fährte.

Die Hasen **rammeln**, indem sie sich begatten;
Die Häsin **setzt**, wenn sie Junge bekommt;
Satz sind die auf einmal gesetzten Jungen.

Der Hase **äset sich**, oder **nimmt seine Weide**, er frißt nicht.

Er ist **fett**, nicht feist; **gut** oder **schlecht**, nicht dick oder mager.

Das Lager ist die von ihm gemachte Vertiefung im Erdboden, in der er längere oder kürzere Zeit ruht.

In diesem **sitzt** oder **drückt** er sich; letzterer Ausdruck wird auch gebraucht, wenn er sich auf der Flucht in einer Furche, oder unter einem Busche zu verbergen sucht.

Aus dem Lager oder wenn er sich gedrückt hat, wird er von Menschen oder Hunden **aufge-stoßen**, von letzteren auch **aufgestochen**.

Abends **rückt er ins Feld**, um Äsung zu suchen; Morgens **ins Holz**, um zu ruhen.

In das Lager **fährt** er, und so auch **aus dem-selben heraus**.

Er **springt** über Hecken, Gräben etc. er flieht nicht darüber.

Der noch nicht verendete Hase wird vom Jäger **genickt**, er wird mit den Hinterläufen aufgeho-ben und ihm mit der hohlen Hand einen kräf-tigen Schlag hinter die Löffel gegeben. Das Verenden erfolgt indes leichter und schneller, wenn man mit dem Daumen und Zeigefinger die

Lungen unterhalb der Blattschaufeln kräftig zusammendrückt, worauf Erstickung sogleich erfolgt und das erbärmliche Klagen des Hasen beseitigt wird. Das Gegenschlagen gegen einen Baum oder Stein ist unwaidmännisch. Den verendeten Hasen wirft oder **weidet er aus**, er bricht ihn nicht auf; dieser Ausdruck wird von allen zur Niederjagd gehörigen Haarwild gebraucht.

Man **hesset** ihn ein zur Fortschaffung und Aufbewahrung d. h. man schärft über dem Knie des einen Hinterlaufs, zwischen der **Hesse** und der Knochenröhre eine Öffnung ein, durch welche der andere Sprung bis übers Knie durchgesteckt wird.

Er wird wie alles zur kleinen Jagd gehörige Haarwild und wie jedes Raubtier **gestreift**, – (Haut abgezogen) auch ist für das eben erwähnte Haarwild **Fett**, statt Feist gebräuchlich.

Hasenklein (Hasenpfeffer auch Schwarzhase) versteht man alles, was bei der Hohen- und Mitteljagd zum Kochwildbret und zur Lunze gerechnet wird, nämlich: Kopf, Hals, Blätter, die untere Hälfte der Rippen und die Dünnungen, Herz, Lunge, Leber. Der gemeine Hase wird je nach seinem Aufenthalte **Feldhase**, **Wald**- und **Holzhase**, **Berghase**, **Grundhase**, **Sumpf** oder **Moorhase**, **Bruchhase**, **Sandhase**, **Steinhase** (scherzweise auch Lampe) genannt. Der

Hasensprung findet sich im Gelenk an der Hesse und ist ein 3 ½ " langes Knöchelchen, vermöge dessen Elastizität der Hase die Kraft erhält sich springend fortzubewegen.

Der alte Hase rettet sich bei seiner Schnelligkeit fast immer durch die Flucht; kann er durch dieses Mittel den Raubtieren und Hunden nicht entrinnen, so sucht er sich durch **Wiedergänge** und **Hakenschlagen** den Nachstellungen zu entziehen.

Auch hat er die Eigenheit, daß er entfliehend ohne besonderen Grund in einiger Entfernung von seinem Lager, auf einem erhabenen freien Platze **einen Kegel** macht, d. h. die Positur eines aufwartenden Hundes annimmt. Ist er ein gutes Stück voraus, so stellt er sich auf die völlig ausgestreckten Hinterläufe, geht so ein paar Schritte fort und sieht sich nach allen Seiten um; dies nennt man **Männchen** machen.

Während der **Rammelzeit** kann man einen 2-300 Schritt entfernten Rammler heranlocken durch das sogenannte **Reizen** oder **Rätzen**, d. h. den klagenden Laut eines jungen Häschens nachmachen, er wird hervorgebracht wenn man das vordere Ende des Nagels am Daumen au die Unterlippe drückt, mit der Oberlippe mäßig auf die aufwärts gekehrte Seite der Daumenspitze kneift und durch eine kleine an der einen Seite gelassene Öffnung in kurzen Absätzen äußere Luft einzieht.

II. Das Kaninchen.

Alle beim Hasen angeführten waidmännischen Ausdrücke werden auch von den Kaninchen gebraucht. Doch wird bei diesen der Rammler auch zuweilen **Bock** genannt.

Bau heißt ihr unterirdischer Aufenthaltsort, jeder einzelne Ausgang **Röhre**.

Den **hellpfeilenden Laut** des Kaninchen hört man nur als Klage, wenn es nicht mehr entrinnen kann oder Schmerzen empfindet.

Außerhalb des Baus sind die Feinde des Hasen auch die des Kaninchens; **innerhalb** desselben ist der gefährlichste das **Frettchen**.

Die ergiebigste Ausbeute der Jagd auf Kaninchen gibt das **Frettieren**.

Die erlegten Kaninchen werden, wenn sie nicht gleich verenden, **genickt**, dann **eingeheßt**, **ausgeworfen** und endlich **gestreift** wie der Hase.

III. Der Biber.

Unter allen Haarwildgattungen ist es der Biber allein, bei welchem der **Schwanz** diese Benennung auch in der Jägersprache behält.

Er **brunstet**, indem er sich begattet; er **bringt Junge**.

Burg heißt seine kunstvoll gebaute Wohnung, **Bau** hingegen die auf vorübergehende Zeit am Ufer der Gewässer ohne Vorbereitung gewählte Wohnung.

Der Ort, wo er das Land betritt, wird der **Ausstieg**, derjenige, wo er ins Wasser steigt, der **Einstieg** genannt.

Er **fährt** oder **fällt** ins Wasser, wenn er im Baue, in der Burg oder auf dem Lande aufgeschreckt wird.

Er **geht** nach seiner Äsung und **schneidet** Stangen **ab**.

Kommt er unverendet in die Gewalt des Jägers, so wird er **totgeschlagen**; dann **gestreift**.

Der Biber wird auch **Castor**, **Erd**- oder **Land-biber**, auch **gemeiner** Biber genannt zum Unterschiede von der **Biberratte** und **Zibet-ratte**, die indes in unserm Weltteile nicht einheimisch sind.

Zwei beutelartige Drüsensäcke, die mit den Geschlechtsteilen in Verbindung stehen, sondern eine starkriechende, ölartige Flüssigkeit ab, die unter dem Namen **Bibergeil** benannt ist und in der Medizin als kräftiges Heilmittel benutzt wird.

IV. Der gemeine Eicher oder Eichhorn.

In Rücksicht der Jagd-Kunstsprache bemerke man folgende Abweichungen gegenüber der

andern zur niederen Jagd gehörenden Haar-
wildarten.

Der **Schwanz** behält bei einigen Jägern diesen
Namen, bei den meisten **Fahne**.

Für **Begattung** wird keine andere Benennung
angenommen.

Heißt auch **Eichhörnchen** oder **Eichkätzchen**.

Die **Spur** der Eicher zeichnet sich sehr aus. Sie
setzen die Tritte der Vorderläufe viel dichter
nebeneinander (zuweilen auch ineinander) als
die der beträchtlich längeren Hinterläufe, welche
jedesmal vor jenen abgedrückt erscheinen. In
jedem Tritte sind beim Schnee die langen
ausgesperrten Zehen ausgezeichnet.

Zweiter Abschnitt.

Federwild.

1. Das Schneehuhn.

Wird auch **weißes Birkhuhn**, **Weißhuhn**,
Ptarmigan, **Rypen**, **Felsenschneehuhn** ge-
nannt und gehört in dieselbe Familie wie das
Auer-, Birk- und Haselwild.

Dieses Tier gibt als den gewöhnlichen einen
lachenden Laut, und einen **balzenden** von
sich.

Außer der Balz—, Lege- und Brütezeit leben beide Geschlechter **volk**- oder **kettenweise** zusammen.

Da in Deutschland, so viel bekannt, das Gescheide von keiner Federwildgattung mit Ausnahme Schnepfen, Krammetsvögel und Lerchen für Leckerbissen gehalten, sondern vor der Zubereitung **ausgezogen** d. h. ausgenommen wird, so soll hier das Verfahren angegeben werden. Man schärft nämlich vom After nach der Brust eine kleine Öffnung durch, schiebt ein kleines hölzernes Häkchen von der Seite gewendet im hohlen Leibe oben über dem Gescheide bis an die Herzkammer hinauf und dreht das Häkchen dann unterwärts, so daß jenes leicht herausgezogen werden kann.

2. Das Moorschneehuhn,

auch **weißes Waldhuhn**, **Morastwaldhuhn**, **Weidenschneehuhn**, **Talschneehuhn** genannt, ist äußerst zahm. Sein Laut und Lebensweise ist wie ad 1.

3. Die Waldschnepfe.

Die Zeit im Frühjahr und Herbst, in der in unsern Gegenden Waldschnepfen gefunden werden, heißt der **Schnepfenzug**. Wenn sie im Frühjahr abends und morgens hin und herziehen, so sagt man: **sie sind auf dem Striche** oder sie **streichen**; im Herbste behält man die Ausdrücke **ziehen** und **Zug** bei.

Im Frühjahr wird ein Weibchen oft von mehreren Männchen verfolgt; sucht nun von diesen eins das andere zu verdrängen, so heißt dies: **sie stechen aufeinander**.

Statt Nahrung suchen, gebraucht man den Ausdruck **stechen**.

Wenn sie sich im Holze niederlassen, so sagt man: **sie fallen ein**.

Auch **liegen** sie, sie sitzen nicht auf der Erde.

Die **Waldschnepfe** wird auch **gemeine Schnepfe**, **Großschnepfe**, **Eulenkopf**, **Holz**-, **Busch**- oder **Bergschnepfe**, **Schnepfe** und **Wasserrebhuhn** genannt, und ist in der Regel Zugvogel. Während ihres Frühjahrszuges **balzen** sie zugleich. Wahrscheinlich ist der **püitzende** Laut (ungefähr wie **püitz, püitz**) welchen beide Geschlechter auf dem Striche hören lassen, ein Zeichen des erwachenden Begattungstriebes, durch welches die gegenseitige Annäherung bewirkt wird. Wenn sie nach einigen Tagen wirklich im Balz begriffen sind, kommt noch das **Quarren** hinzu.

In der Regel wird die Schnepfe nicht **ausgezogen**, (ausgenommen.)

Angenehm und belohnend ist im Frühjahr auf dem **Striche der Anstand**, ebenso **die Suche mit dem Hühnerhunde**.

Da der Herbst zu der Schnepfe mit dem der Krammetsvögel zusammentrifft, so kann man die Dohnenstege selbst, wie die Gegend um dieselben herum, zur Einrichtung der **Schnepfenstege** benutzen.

4. Das Rebhuhn.

Eine Familie bestehend aus dem **Hahne** (Vater) der **Henne** (Mutter) und den **Jungen** (Kindern) heißt in den meisten Arten in der Jägersprache ein **Volk**, in andern eine **Schar** oder eine **Kompanie**. Man bedient sich auch der Ausdrücke **Kette** oder **Kitte**, jedoch mit Unrecht. denn ersterer kommt vorzugsweise den Haselhühnern Schneehühnern und weißen Waldhühnern zu, und letzterer wird in vielen Gegenden nur vom wilden Wassergeflügel, besonders von **Enten** und **Gänsen** gebraucht.

Wenn Rebhühner einzeln oder volksweise zusammen sitzen, so sagt man: **sie liegen da**.

Wenn sie auffliegen: **sie stehen auf**;

Wenn sie tief über der Erde fortgehen: **sie streichen** oder **ziehen**;

Wenn sie höher steigen: sie **stieben**;

Wenn sie sich auf der Erde niederlassen: so **fallen sie auf die Weide** oder auf **das Geäse**. Sie **weiden** und **äsen**, – fressen nicht.

Wenn ein Volk aufsteigt, aber nicht an einer Stelle, sondern vereinzelt wieder einfällt, so sagt man: **das Volk hat sich gesprengt**.

Der Locklaut wird durch **Ruf** bezeichnet; er ist das Wiedervereinigungszeichen für das gesprengte Volk.

Das **Lager** ist eine ausgekratzte Vertiefung in welchem das ganze Volk sich zusammengedrängt aufhält, mit Ausnahme einer Schildwache.

Das **Gebreche** nennt man die Exkremente, welche man gewöhnlich im Lager findet.

Wenn Rebhühner sich im trockenen Boden oder im Sande baden, so sagt der Jäger: **sie stauben sich**.

Die Hühner fallen zu Paaren, oder **sie paaren sich**, wenn Hahn und Henne sich vom Volke trennen und für sich leben.

Schild nennt man den großen braunen Flecken auf der Brust, durch welchen der Hahn von der Henne unterschieden ist; daher heißt **schildern**, wenn die 4 Monate alten Jungen die Farben am Gefieder bekommen, an welchen das Geschlecht zu erkennen ist.

Das Rebhuhn wird auch **Feldhuhn**, **Rufhuhn**, **Wildhuhn** genannt.

Den höchsten Grad der Unruhe bezeichnet es durch ein gewisses **Schnippen** (Schnellen) mit dem Schwanze, welches ein sicheres Zeichen des baldigen Aufstehens ist.

Der Ruf der **Henne** ist kurz und klingt wie **Girl**, der des **Hahnes** ist länger und ertönt wie **Girrlitt**; auf letztern Ruf versammelt sich die ganze Familie, – auf erstern die Jungen und der Hahn bei der Mutter.

5. Die Wachtel.

Die bei den Rebhühnern aufgeführten waidmännischen Ausdrücke werden auch auf die Wachtel angewendet; nur heißt das Männchen nicht Hahn, sondern **Schlagwachtel**, das Weibchen **Sie** oder **Chanterelle**, nicht Henne.

Beide Geschlechter werden auch noch mit dem Namen **Schnarrwachtel**, **Quackel**, **Crainitz** und **Perpelitza** belegt.

Die Wachtel gehört zu den Zugvögeln, kommt im Frühling mit Südostwind an und zieht überhaupt **unter** dem Winde, nie **gegen** denselben.

6. Die Drosseln

werden eingeteilt in **Ganz**- oder **Großvögel** und in Halbvögel. Zu den ersteren gehören: die **Schnärre**, der **gemeine Ziemer**, die **Schildamsel**; zu den letztern: der **kleine Ziemer**, die **Zippe**, die **Wein**- oder **Rotdrossel**, die **gemeine Amsel**.

Zwei Stück von den ersteren, und **vier** Stück von den letzteren machen einen **Klubb** aus.

Besondere Benennung dieser 7 Arten sind:

a. Die **Schnärre**, heißt auch **Misteldrossel**, **Mistelziemer**, **Schnarrziemer**, **Brackvogel**, **Zerrer**, **Zaritzer**.

b. Der **Ziemer** wird auch benannt: **Zeumer**, **Grasziemer**, **Giemer**, **Blauziemer**, **Schacker**, **Wacholderdrossel**, **Krammetsvogel**, **Krannabetvogel**.

c. Die **Schildamsel** wird auch **Ringdrossel**, **Schneedrossel**, **Rußdrossel**, **Schilddrossel**, **Stockamsel**, **Berg-**, **See-**, **Meeramsel**, **Ringmerle**, **Dianenamsel** und **Stockziemer** genannt.

d. **Der kleine Ziemer** zweideutige Drossel, scheint den Übergang von den **Ganz-** zu den **Halbvögeln** zu bilden.

e. Die **Zippe** auch **Singdrossel**, **Pfeifdrossel**, **Weißdrossel** genannt.

f. **Die Rotdrossel** (Weindrossel, Blutdrossel, Heidedrossel, Berg- und Walddrossel, Bitter, Behende, Bäuerlein, Winze, Gixerlein.)

g. **Die Schwarzdrossel** (gemeine Amsel, Merle, Ammazl, Lyster.)

Sämtliche genannte Drosselarten werden selten und nur beiläufig geschossen, und machen die großen **Schneußvögel** aus, d. h. sie werden alle auf dem Herde, in Dohnen, Sprenkeln oder

Aufschlägen gefangen. Sie kommen meistens auf dem Zuge zu uns, doch sind einige **Stand-** und **Heckvögel**.

7. Der Seidenschwanz

auch Haubendrossel, Böhmer, Zuserl, Zizirelle, Mipsterz, Schneevogel, Schneeleschke, Goldhähnel, Pfeffervogel, Kriegsvogel, Pest-Unglücksvogel genannt.

8. Der Gimpel.

heißt auch Dompfaff, Schniel oder Schniegel, Blutfink, Liebich, Gieker, Brommeiß, Luh, Bollenbeißer, Hahle, Hoylen, Rettvogel und Dickkopf.

9. Die wilden Tauben

davon 3 Arten als Jagdgegenstand interessiert:

a. **die Ringeltaube** (große Holztaube, Kohltaube)

b. **die kleine Holztaube** sonst auch Hohltaube, Blautaube, mittlere wilde Taube, Loch-Bergtaube genannt.

c. **die Turteltaube** auch Wegtaube genannt.

Um die in der Gegend vorhandenen Tauben an einem bestimmten Ort hinzuziehen, bereitet man die sogenannte **Sulze** oder Baize.

10. Die Blauracke

oder Mandelkrähe heißt auch Blaurabe, Garbenkrähe, blaue Krähe, Birkheher, deutscher Papagei, Mantelkrähe.

11. Der Pirol

(Pfingstvogel, Weihrauch, Kirschdieb, Kersenriff, Gelbling, Golddrossel, Püloh, Wittewall, Gugel-Vieh-aus.)

12. Der aschgraue Kuckuck

(Guckguck, Guckaug, Gucker, Gutzgauch.)

13. Die Lerchen.

Hier sind folgende Arten:

a. **Die Feldlerche** auch Saat-, Sang- Himmels-, Taglerche, Leewerk, Pardale genannt.

b. **Die Wald- oder Heidelerche** (Baum-, Mittel-, Dull-, Lull-, Steinlerche.)

c. **Die Haubenlerche** (Schopf-, Kobel-, Weg-, Salatlerche, Lerche von Brie, Rostflügel, Kotmönch, Bürle.)

14. Die Küsten- und Uferlaufvögel

sie teilen sich in folgende Gruppen:

A) **Regenpfeifer.**

a. **Goldregenpfeifer,** (Saatvogel, mittlerer Brachvogel.)

b. **Der Mornellregenpfeifer** (Morinell, Possenreißer, dummer Regenpfeifer.)

c. **Der Halsbandregenpfeifer** (buntschnäbliger Regenpfeifer, Strandpfeifer.)

d. **Der weißstirnige Regenpfeifer** (dunkelbrüstiger Regenpfeiffer, Regenpfeifer mit unterbrochenem Halsbande.)

e. **Der kleine Regenpfeifer** (schwarzbindiger Regenpfeifer.)

B) **Der graue Sanderling** (Sandläufer auch Sonderling.)

C) **Strandreuter** (Stelzenvogel, Riemenfuß.)

D) **Austerfischer** (Lyv, Meereister.)

Diese Uferlaufvögel zu erlegen bleibt dem Jäger nichts übrig als durch den **Schuß vom Kahne aus** und durch **vorsichtiges Beschleichen**.

15. Die Kiebitze

zerfallen in:

a. **Der schwarzbunte Kiebitz**.

b. **Der gehäubte Kiebitz** (gemeiner Kiebitz.)

16. Die zur niedern Jagd gehörenden Reiher,

hierbei kommen 8 Arten in Betracht:

A) **Dünnhalsige Reiher**.

a. **Der aschgraue Reiher** (gemeine Reiher.)

b. Der **Purpurreiher** (Bergreiher)

c. Der **große Silberreiher** (Federbuschreiher.)

d. Der **kleine Silberreiher** (kleiner Strauß-
reiher, Seidenreiher.)

B) **Dickhalsige Reiher.**

a. Der **Rohrdommelreiher** (große Rohrdommel.)

b. Der **Nachtreiher** (Focke, ist bei der hohen
Jagd erwähnt.)

c. Der **Rallenreiher.**

d. Der **kleine Reiher** (kleine Rohrdommel,
Zwergrohrdommel)

17. Die Knellen

gehören zur Familie der Schnepfen (Sumpfvögel)
zerfallen:

a. Die **rotbäuchige Knelle** (rotbäuchiger
Strandläufer, rotbäuchiger Brachvogel, rot-
bäuchige Schnepfe.)

b. Die **veränderliche Knelle** (veränderlicher
Strandläufer, Dunlin, Alpenstrandläufer, Halb-
schnepfe, lappländischer Kiebitz)

c. Die **plattschnäblige Knelle.**

d. Die **Temmink'sche Knelle** (Temmink'scher
Strandläufer.)

e. Die **hochbeinige Zwergknelle** (Zwerg-
strandläufer, Sandläufer)

f. Die **aschgraue Knelle** (Kanutstrandläufer,
aschgraue Strandläufer.)

g. Die **Streitknelle** (Männchen: Kampfhahn,
Streitvogel, Brausehahn, Hausteufel. Weibchen:
Begine.

18. Die Wasserläufer

gehören zur Familie der Schnepfen (Sumpfvögel)

a. Der **dunkelbraune Wasserläufer** (großer Rotschenkel, Strandschnepfe, gefleckte Pfuhlschnepfe.)

b. Der **Gambett-Wasserläufer** (kleiner Rotschenkel, rotfüßige Schnepfe.)

c. Der **Teichwasserläufer** (kleine Pfuhlschnepfe, kleiner Hennick)

d. Der **punktierte Wasserläufer** (punktierter Strandläufer, großer schwarzer Sandläufer, Grünfuß, Mattkrillis.)

e. Der **Waldwasserläufer** (Waldstrandläufer, Waldjäger.)

f. Der **trillernde Wasserläufer** (Strand- und Sandläufer, Sandpfeifer, Meerlerche, Fisterlein, Steinpicker.)

g. Der **grünfüßige Wasserläufer** (Storch-, Regen-Seeschnepfe, Grünbein.)

19. Die Pfuhlschnepfen

(Sumpfläufer, Sumpfwater) 3 Arten:

a. Der **schwarzschwänzige Sumpfläufer** (große Pfuhlschnepfe.)

b. Der **rostrote Sumpfläufer** (fuchsrote Schnepfe, rote Uferschnepfe.)

c. Der **Meyerische Sumpfläufer** oder gelbe Sumpfwater (graue Osttüte.)

20. Die Sumpfschnepfen oder Becassinen

darunter sind

a. Die **Mittelschnepfe** (große Pfuhlschnepfe, Doppelschnepfe, Doublette, große Bruch- Sumpf- Moor- Ried- und Wasserschnepfe, Stickup.)

b. Die **Herdschnepfe** (Heerschnepfe, gemeine Becassine, Himmelsziege)

c. Die **Haarschnepfe** (kleine oder stumme Becassine, Moorschnepfe, Halbschnepfe.)

21. Die Wasserralle

(Sammethuhn, Miethuhn, langschnäbeliges Wasserhuhn, schwarze Wasserstelze, schwarzer Wassertreter.)

22. Die Rohrhühner.

a. Der **Wiesenschnarrer**, (Wachtelkönig, Schnärz, Schnarrwachtel, Grasschnarrer.)

b. Das **punktierte Rohrhuhn** (punktiertes Meerhuhn, mittlere Wasserralle.)

c. Das **Zwergrohrhuhn** (kleines Meerhuhn, kleines Wasserhühnchen, kleine Wasserralle.)

d. Das **grünfüßige Rohrhuhn** (Rotblässchen, grünfüßiges Meerhuhn.)

23. Die Hurbel oder das Wasserhuhn

(schwarzes Wasserhuhn, schwarzes Rohrhuhn, Bläßhuhn, Moorhuhn.)

24. Der Steißfuß.

(zur Taucherfamilie gehörend.)

a. Der **gehäubte Steißfuß** (Lorch, Zorch, großer Haubentaucher.)

b. Der **graukehlige Steißfuß** (graukehliger Hauben- oder Lappentaucher.)

c. Der **gehörnte Steißfuß** (gehörnter Taucher, Käferente.)

d. Der **geöhrte Steißfuß** (geöhrter Taucher, Ohrentaucher, großöhrige Tauchente.)

e. Der **kleine Steißfuß** (schwärzlicher Taucher, gemeines Taucherchen.)

Beim Jagdbetriebe der Tauchvögel bediene man sich der Doppelflinte, weil meistens der erste Schuß mißlingt, nehme stärkere Schrote als bei Landvögeln und die Schußweite höchstens 40 Schritt; halte bei nicht tief im Wasser einge-senktem Leibe des Vogels z. B. bei wilden Enten etwa 2″ vor dem Körper auf das Wasser; bei den Steißfüßen etc. aber, die sehr tief im Wasser gehen, muß nach Verhältnis noch kürzer gehalten werden.

25. Die Meerschwalben.

a. Die **großschnäblige Meerschwalbe** (große kaspische Wimmer und Kreisch-Meerschwalbe.)

b. Die **weißgraue Meerschwalbe** (schwarz-schnäblige, kantische, kamtschatkaische Meerschwalbe.)

c. Die **rotfüßige Meerschwalbe** (aschgraue, schwarzköpfige Meerschwalbe.)

d. Die **schwarzgraue Meerschwalbe** (Brandvogel.)

e. Die **kleine Meerschwalbe.**

26. Die Möwen und Raubmöwen.

A) Die **Möwen.**

a. Die **Mantelmöwe** (große Seemöwe, schwarzrückige Möwe, größte bunte Möwe, gefleckte Möwe.)

b. Die **weißgraue Möwe** (große nordische Möwe, Burgemeister.)

c. Die **Herings-Möwe oder gelbfüßige Möwe** (große braune, große Hafmöwe, Ratsherr.)

d. Die **Sturmmöwe** oder **graue Möwe** (Sturmvogel, grönländischer Serchvack.)

e. Die **dreizehige Möwe** (Wintermöwe, Tarock, Seefächer.)

f. Die **Lachmöwe** (rotfüßige und schwarzköpfige Möwe, Mohrenkopf.)

g. Die **kleine Möwe.**

B) **Raubmöwen.**

a. Der **Schmarotzer-Labb** (Schmarotzer Möwe, Strunte, Polar-Möwe.)

b, Der **Pomarin-Labb.**

c. Der **Felsen-Labb** (Felsen-, schwarzzehige-, Falken-Möwe, gestreifter Strandjäger)

27. Die wilden Gänse.

Latschen oder Ruder werden bei allen Wasservögeln die Füße genannt, deren Zehen durch eine **ganze** Schwimmhaut miteinander in Verbindung stehen,

Kette (Kitte) sind die Glieder eines und desselben Gänsegehecks, so lange es unter sich allein lebt. Wenn später **einige** Ketten bis zur nächsten Paarzeit sich zusammen halten, so wird diese Gesellschaft **Flug** genannt. Kommen viele Ketten zusammen, so wird diese Gesellschaft **Schar** genannt.

a. Die **Graugans** (gemeine wilde Gans, März- und Heckgans.)

b. Die **Saat- oder Moorgans** (kleine wilde Gans, Schneegans, Bohnengans.)

28. Die Wildente.

Das Weibchen wird **Ente** genannt, das Männchen **Entvogel**.

Die wilden Enten **reihen**, wenn zu Anfang der Paarzeit mehrere Entvögel der voranfliegenden Ente in einer geraden Reihe folgen; sie **züchten**, wenn sie den Begattungsakt vollführen.

Die von einer Mutter **ausgebrachten** Jungen werden unter dem Namen **Geheck** begriffen. Die Bezeichnung **Schar** und **Flug** ist wie bei den Gänsen und bei allen im geselligen Verein lebenden und reisenden Vögeln.

Anbeißen ist, wenn angeschossene Enten untertauchen und am Schilfe mit dem Schnabel sich festhalten, angeschossene enden da oft und kommen nicht wieder zum Vorschein. Sonst alles wie bei der wilden Gans.

a. Die **Stockente** (große wilde Ente, Märzente, Blumente, Spiegelente, Sterzente, Gras-, Hag- oder Hege-, Rätsch-, Roßente.)

b. Die **Schellente** (Quak-, Kobel-, Klangente, Dickkopf, goldäugige Ente; das Männchen Köllje, das Weibchen Köllje-Quene.)

c. Die **Pfeifente** (Speck-, Brandente, Schmünte, Rothals, rotbrüstige Mittelente.)

d. Die **Tafelente** (Rotente, braunköpfige Ente, Grellje.)

e. Die **Knäkente** (Winterhalbente, große Kriek- ente, Rothälschen, bunthälsige Ente, Zirtzente; Weibchen: Wachtelentchen, Grauentchen.)

Halbenten werden von den Jägern alle die genannt, welche um ein Drittel kleiner sind als die Stockente; **Mittelenten** die, welche ihrer Größe nach zwischen der Stockente und der Knäkente stehen.

f. Die **Kriekente** (Kriech-, Krech-, Kruck-, Murr, Schapsente, Krieke, Karnull, Karnelle, Wäbke, Sommer-Halbente; das Weibchen; Grauentchen, Trösel, Socke.)

g. Die **Reiherente** (schwarze und europäische Hauben-, Strauß-, Schopf-, Kuppen-, Moor- u. Moderente, Freseke.)

h. Die **Schnatterente** (Schnarr- und Lärmente, Locker.)

i. Die **Löffelente** (Schild-, Spatel-, Fliegen-, Mücken-, Murrente, Löppelschunte, Breitschnabel.)

29. Die Säger

schließen sich den Enten an, zu deren Familie sie gehören.

a. Der **Gänsesäger** (gemeiner Säger, Gänse-sägetaucher, rotköpfige Tauchergans, große Tauchente, Eisente, Merch, Sebetz.)

b. Der **langschnäblige Säger** (rotbrüstige Tauchente, Schwarzkopf.)

c. Der **weiße Säger** (kleiner Säger, weiße und kleine Tauchente, weiße Nonne, Rhein- und Eistaucher, kleiner Merch, Weißzopf

30. Die Seetaucher.

a. Der **schwarzhalsige Seetaucher** (Eissee-, Eis-, großer Taucher, Meernähring)

b. Der **schwarzkehlige Seetaucher** (Polar-taucher.)

c. Der **rotkehlige Seetaucher**.

Dritter Abschnitt.

Raubtiere.

1. Der Dachs.

Alle zur niederen Jagd gehörenden Raubtiere haben in der Jägersprache: **Seher**, keine Augen. – **Lauscher**, keine Ohren. – **Fett**, kein Feist. – **Gebiß**, keine Zähne und Fänge, keine Eckzähne. – **Schweiß** statt Blut. – **Läufe** statt Füße usw.

Beim **Dachs** sind noch **besondere** Ausdrücke üblich:

Schwarte, Haut. – **Pürzel, Zain, Rute**, Schwanz. – **Klauen**, Zehen nebst Nägeln.

Bau, seine unterirdische Wohnung; **Röhren**, **Geschleife**, **Einfahrten**, die Eingänge des Baues. – **Kessel**, der Ort, wo unter der Erde die Röhren zusammenlaufen.

Der Dachs **bewohnt** den Bau, **befährt** die Röhren, **sitzt** im Kessel; er **versetzt**, **verklüftet**, **verliert sich**, indem er sich in der Röhre oder im Kessel verschanzt.

Er wird vom Dachshunde im Kessel **angetrieben**.

Er **schleicht** und **trabt**, er geht nicht;

Er **weidet sich** oder **nimmt Weide an**, er frißt nicht.

Er **sticht** oder **wurzelt**, indem er mit der Nase schmale Furchen in den Erdboden macht, um die Weide herauszuwerfen.

Er **ranzt** oder **rollt**, indem er sich begattet.

Wenn er sich beim **Hetzen** den Hunden widersetzt, und sich an ihnen verbeißt, so sagt man, **er hat sich verfangen**.

Er wird **totgeschlagen**, dann **schärft** man erst die Schwarte ab, **löst** die Fettlagen **ab**, **bricht** ihn dann **auf**, und **zerwirkt** und **zerlegt** ihn.

Der gemeine Dachs wird auch **Gräving**, **Greifing**, **Dachsbär** genannt.

Das Merkwürdigste an diesem Tiere ist das **Stinkloch** (**Saugloch** oder **Schmalzröhre** genannt) – eine zwischen dem Pürzel und dem Waidloch befindliche, mit kleinen Drüsen besetzte Queröffnung, unter der sich ein 1" tiefer, inwendig behaarter Beutel bildet, in welchem eine weißliche, klebrige, widrig riechende Feuchtigkeit vom Fette sich absondert. Mit den inneren Teilen steht dieser Beutel in keiner Verbindung.

Bei der **Dachsspur** erscheint der Ballen fast wie beim Hunde, nur ist er nach den Seiten etwas breiter; bemerkbar sind die Abdrücke der langen Klauen an den Vorderläufen.

Im Traben **schränkt** der Dachs, besonders im Herbst **sehr stark**, d. h. er geht weit.

Zur Dachsjagd gebraucht man den **Dachshund**.

Das **Graben** oder **Ausgraben** bleibt die sicherste Art für den Jäger, sich in den Besitz des Dachses zu setzen.

2. Die gemeinen Fischotter.

Rute ist die waidmännische Benenung des Schwanzes;

Nuß heißt das weibliche Geburtsglied;

Balg heißt die Haut.

Ranzen – begatten; **Ranzzeit** – Begattungszeit.

Pfeifen ist der Laut.

Das Weibchen **bringt Junge**.

Bau – nicht Wohnung oder Höhle.

Er fischt, indem sie Nahrung sucht;

Er **steigt aus** oder **an das Land**, wenn er das Wasser verläßt; weshalb auch der Ort, wo dies geschieht, **Ausstieg** genannt wird.

Er **geht über Land**, wenn er auf dem Trokkenen geht.

Er **steigt ins Wasser**, wenn er ruhig vom Land in dasselbe zurückkehrt; **fällt** oder **fährt** aber **hinein**, wenn er flüchtig wird.

Er wird **totgeschlagen** und dann gestreift.

In einigen Gegenden heißt er auch: **Flußotter**, **Landotter**, **Fischdieb**.

In katholischen Ländern wird er gar nicht zur **Jagd**, sondern zur **Fischerei** gerechnet.

Die **Spur** der Fischotter ähnelt der des Dachses, indessen unterscheidet sie sich doch hinlänglich durch schwächere Ballenabdrücke, sowie durch deutliche Darstellung der Schwimmhäute zwischen den Zehen; nächst dem auch durch das Nachschleifen der Rute im Sande, Schlamme und weichem Schnee, wobei eine kleine von Zeit zu Zeit unterbrochene Furche sichtbar wird. Bei hartem und berastem Boden muß man sich an die Losung halten, welche an den untergemischten Fischgräten und an dem starken Trangeruch leicht zu erkennen ist. Auch wird der öftere Aufenthalt eines Otters an einem Ufer durch häufig umherliegende Köpfe und ganze Skelette von Fischen verraten, namentlich während des Sommers durch den üblen Geruch, den die Reste des Raubes verbreiten.

Kommt er öfters in dieselbe Gegend, so wählt er genau den gewohnten **Aus**- und **Eingang** am Wasser.

3. Die Sumpfotter.

Dieselben Ausdrücke wie bei dem Fischotter werden auch hier angewandt; er heißt auch **kleiner Fischotter, Krebsotter, Mörz, Wasserwiesel, Ottermarder, Steinhund**.

4. Der Fuchs.

Außer den beim Dachs angegebenen Ausdrücken, bemerke man beim **Fuchs** noch folgende:

Das männliche Tier heißt **Fuchs**, auch **Rüde**, das weibliche **Füchsin**, **Fähin**, **Betze**.

Branten heißen die Zehen.

Der Schwanz heißt **Standarte**, **Stange**, **Lunte**, **Rute**; die Spitze desselben **Blume**.

Die widrig riechende Drüse auf der **Standarte** heißt **Viole,**

Rute, das männliche Zeugungsglied.

Schnalle, das weibliche Geburtsglied.

Er schleicht – wenn er langsam geht;

Trabt und **schnürt** bei etwas rascherer Bewegung (wie der Wolf.)

Ist **flüchtig**, wenn er ganz schnell läuft.

Er **läuft** vor den Hunden, er **läuft auf's Reizen**, wenn man ihn **lockt**.

Er **bellt**, wenn er seinen gewöhnlichen Laut gibt.

Er hat einen **Bau**, und dieser besteht aus **Röhren**, **Kammern** und einem **Kessel**; **er kriecht zu Baue**, **fährt aus dem Baue**, **versetzt** sich auch zuweilen wie der Dachs.

Die Füchsin **rennt**, wenn sie wie die Hündin hitzig wird.

Rollzeit ist der eigentliche Ausdruck für Begattungszeit.

Fuchs und Füchsin **rollen**, wenn sie sich begatten; Letztere **wölft** oder **wirft**, wenn sie Junge bringt.

Der Fuchs **raubt**, wenn er lebendige Tiere zur Nahrung fängt; **er frißt den Raub**.

Der Hund und Wolf sind seine nächsten Gattungsverwandten.

Der **Tritt** des Fuchses ist dem eines nicht starken Hundes ziemlich ähnlich, nur der **eigentliche Fuß** drückt sich länglicher ab, die **beiden mittelsten Zehen** mit den Klauen erscheinen vorn hinausgezwängt und der **Ballen** ist kleiner.

Die **Spur** stellt sich dar: a. Im **Schleichen schränkt** der Fuchs doch weniger stark als der Dachs. b. Im **Traben schnürt** er wie der Wolf, d. h. die Tritte stehen gerade hintereinander. In der Rollzeit setzen Fuchs und Füchsin, wenn sie hintereinander traben, die Tritte fast so, als wenn einer allein **geschlichen** wäre. c. Wenn er **flüchtig** ist, stellt sich die Fährte wie bei andern galoppierenden Tieren dar, doch sehr gestreckt und regelmäßig.

Auch hier ist das sicherste Mittel, den Füchsen Abbruch zu tun, das **Ausgraben**.

Der einzelne Jäger wird auch auf dem **Anstande** den besten Erfolg haben: **an dem Baue; auf dem Wechsel**; beim **Aas** oder **Luderplatz**.

5. Die wilde Katze.

Sie hat wie der Luchs **Waffen** oder **Krallen** an den Zehen, keine Nägel; — **Fänge**, keine Eckzähne; — **Gebiß**, keine Schneide- und Backenzähne.

(71)

Sie **ranzt** und hat ihre **Ranzzeit**.

Sie **bringt Junge**. Sonst sind die Ausdrücke wie bei andern Raubtieren. Sie wird auch **Waldkatze**, **Baumreiter**, **Waldkater** genannt.

Die **Spur** ist sehr **schräg geschränkt**, d. h. die Tritte stehen in einem sehr stumpfwinkligen Zickzack.

6. Die Marder.

Nachstehende Ausdrücke von den zur niederen Jagd gehörenden Raubtieren sind abweichend:

Die eigentlichen Füße nebst den Zehen werden **Branten** genannt; die Begattungszeit heißt **Ranzzeit**.

Der Marder **baumt** oder **holzt auf**, wenn er auf einen Baum klettert; er **baumt fort**, wenn er von einem Baum zum andern springt.

Absprung heißt die Stelle, wo der Marder die Läufe einsetzt, wenn er von der Höhe herabspringt: Aufstieg diejenige, wo er von der Erde in die Höhe klettert.

In Deutschland sind 2 Arten:

a. Der **Steinmarder** (Haus- oder Dachsmarder.)

Die **Losung**, mit welcher nur zu oft der Moschus verfälscht wird, wirkt durch ihren Geruch sehr nachteilig, indem die Tauben aus dem Schlage bleiben, wo sie gefallen. Die Fährte ist der der Katze an Stärke ziemlich gleich, indes etwas länglicher. In der **Spur** stellen sich je 2 und 2

Tritte mäßig geschränkt, etwas schräg neben einander stehend dar; – immer steht die des rechten Laufes vor. Die sonderbare Stellung der Spur kommt daher, weil der Marder bei seiner hüpfenden Bewegung immer mit den Hinterläufen gerade die Tritte der vorderen ausfüllt.

b. Der **Baummarder** (Edel-, Gold-, Wald-, Buch-, Birk-, Espen-, Fichten-, Tannen-, Kiefern- und Feldmarder)

2. Der Iltis.

Die waidmännischen Ausdrücke sind dieselben wie beim Marder, mit welchem der Iltis zu einer **Raubtiergattung** gerechnet wird, dem er auch ähnlich sieht. Unter der Rute am After befinden sich zwei Drüsen, welche die ekelhaft stinkende Feuchtigkeit enthalten, von der der ganze Balg infiziert ist.

Der Balg hängt lose und faltig über dem Körper, daß selbst scharfe Hunde lange Zeit zubringen um den Iltis zu würgen, weil sie fast immer nur den Balg greifen.

Die **Spur** des Iltis zeichnet sich von der des Marders aus, indem: a. ersterer nicht so weite Sprünge macht; b. die Klauen nicht so wollig behaart und durch eine schmälere Haut verbunden sind, sich daher deutlicher ausdrücken; c. die **Fährte** sich auch anders gestellt zeigt, denn beide Paar Tritte in jeder Spur stehen mehr nebeneinander, und das hinterste Paar enger zusammen als das vordere.

8, Die Wiesel.

Es gibt bei uns zwei Arten, das **große** und das **kleine** Wiesel. Das Erstere auch **Feld- und Waldwiesel** genannt, ist **braun** oder **rotbraun** und **weiß** (in nördlichen Gegenden **Hermelin** genannt.) Das Letztere heißt auch **Heer-männchen**, Haus- und Speicherwiesel, im Norden wo es wie das **große** weiß gefärbt erscheint, **Schneewiesel**, **Hermelinchen**.

Viertes Kapitel.

Raubvögel.

Waidmännische Ausdrücke für **alle Raubvögel** sind folgende:

Schenkel, Fußwurzel und Zehen heißen **Ständer**; die Nägel an letzteren **Fänge**.

Hosen heißt die Federbesetzung am Schenkel und an der Fußwurzel, z. B. **bis an die Zehen, bis ans Knie behost**.

Horst ist das Nest der Raubvögel; – Sie **horsten** d. h. sie nisten und brüten.

Sie **streichen ab**, wenn sie vom Horste oder Baume wegfliegen;

Sie **haken auf**, wenn sie sich auf einem Aste oder sonst niederlassen.

Sie **stoßen auf den Raub**, indem sie teils senkrecht, teils schräg auf lebende Tiere herabstürzen.

Sie **fangen** oder **schlagen** ihn, indem sie den Raub mit den Fängen erhaschen.

Sie **kröpfen** (fressen nicht) wenn sie das Geraubte verschlingen.

Sie **schmeißen**, wenn sie sich der Extremente entledigen. Bemerkenswert ist, daß bei allen europäischen Gattungen das Weibchen stärker (größer) ist als das Männchen.

1. Die Geier.

a. Der eigentliche Geier

(der graue Geier)

b. Der Aasgeier

(der ägyptische Geier, in Ägypten Pharaonshenne genannt)

c. Der Bartgeier

(auch Geieradler,) von diesen ist in Europa nur eine Art bekannt, der **Lämmergeier**, der gefährlichste Raubvogel.

2. Die Adler.

a. Der **Kaiseradler** (Goldadler.)

b. Der **Königsadler** (Steinadler, Berg-, Stockadler.)

c. Der **weißköpfige Adler** (Seeadler, Fisch-, weißschwänziger Adler.)

d. Der **Schreiadler**.

e. Der **kurzzehige Adler**.

f. Der **Flußadler** (Fischaar, kleiner Fischadler.)

3. Die Milanen.

gehören wie die folgenden 4. Raubvogelarten zu der Familie der Falken.

a. Der **rote Milan** (Müllane, Gabelweihe, Königsweihe, Gabel- oder Schwalbenschwanz, Wy, Wuwe, Curvy, Schwimmer.)

b. Der **schwarzbraune Milan** (schwarzer Milan, schwarzer Falk, schwarze Gabelweihe.)

4. Die Bussarde.

a. Der **Mäusebussard** (Mauser, Mäusefalk, Rundschwanz, Unkenfresser.)

b. Der **rauhfüßige Bussard** (Rauhfußfalk, Rauhfuß, rauhbeiniger Mäusefalk, Weißschwanz.)

c. Der **Wespenbussard** (Honigbussard, Bienenfalk, Wespenfalk.)

5. Die Weihen.

a. Die **Sumpfweihe** (Rost-, Moos-, Wasserweihe, Entenstößer, Entenschläger.)

b. Die **Kornweihe** (Kornvogel, Rohr-, kleine oder Halbweihe.)

C. Die **langflügelige** oder **langschwingige Weihe** oder **Wiesenweihe**.

6. Die Habichte.

a. Der **Hühnerhabicht** (gemeiner, großer Habicht, Doppelsperber, Stockfalke, Eichvogel.)

b. Der **Finkenhabicht** (Sperber, Tauben-, Lerchen-, Vogelfalke oder Stößer, kleiner Stockfalke, Schwimmer und Luftschiffer)

7. Die Edelfalken.

a. Der **isländische Falk** (weißer, grauer oder gefleckter Falk, Beizfalk, Beizvogel.)

b. Der **Wanderfalke** – edler oder **Beizfalk**, weil er unter den deutschen Beizvögeln der beste ist; Hühner-, Berg-, Wald-, Steinfalk, Fremdling, Pilger.)

c. Der **Baumfalk** (Lerchenstößer, Lerchenfalke, Steinfalke.)

d. Der **Zwergfalk** (Männchen: Blaufalk, Steinfalk; Weibchen: Schmerl, Merl, Merlin, Myrle, Sprenz.)

e. Der **Turmfalk** (Kirch-, Mauer-, Mäuse-, Lerchen-, Sperlingsfalk, Grankopf, Steinschmätzer, Schwimmer.)

f. Der **rotfüßige Falk**.

8. Die Eulen.

bilden eine eigene Familie unter den Raubvögeln.

a. Die **große Ohreule** (Uhu, Buhu, Schuhu, Adlereule, große Horneule.)

b. Der **Schneekauz** (Schnee-Eule, große weiße, oder weißbunte Eule, Tageule.)

c. Die **Habichtseule** (langschwänzige Eule.)

Hier folgen noch die übrigen in Deutschland bekannten Eulen, welche wegen ihres Nutzens zu schonen sind, weil ihre Nahrung aus Ratten, Mäusen, Käfern, Insekten etc. besteht:

1. Die **mittlere Ohreule** (gemeine Ohr-, Horn-, Katzen-, Fuchseule.)

2. Die **kurzöhrige Ohreule** (Sumpf-, Moor-, Wiesen-, Kohleule.)

3. Die **kleine Ohreule** (krainische Ohreule, Posseneule.)

4. Der **Nachtkauz** (Nachteule, große Baumeule, graue Busch-, Grabeule.)

5. Der **Schleierkauz** (Perl-, Turm-, Perücken-, Herz-, Gold-, geflammte Eule.)

6. Der **kleine Kauz** (Totenvogel, Leichen-, Toten- Zwerg-, Spatzeneule.)

7. Der **rauhfüßige Kauz** – Wollenkauz.

8. Der **Zwergkauz** (Tag-, Wald-, Tannen- käuzchen, akadische Eule.)

9. Die **Sperbereule** (kleine Habichts-, kleine Falkeneule, Fichten-, Stein-, Kirchenkauz.)

9. Die rabenartigem Vögel.

gehören zu den **Singvögeln**, zur Familie der **Heher**.

a. Der **Kolkrabe** (großer Rabe, Kohlrabe, große Krähe.)

b. Die **Rabenkrähe** (kleiner Rabe, Feld- oder Aaskrähe.)

c. Die **Saatkrähe** (Acker- oder Feldkrähe. Hafer- rücke. Nackt- oder Grindschnabel.)

d. Die **Nebelkrähe** (Schild-, Mantel-, Sattel-, Schnee-, Winterkrähe, graue Krähe, Grau- mantel, Graurücken.)

e. Die **Dohle** (Schneedohle, Turmkrähe, Aelke, Gacke, Klaas.)

f. Die **Alpenkrähe** (Schneekrähe, Bergdohle, Alpendohle.)

g. Die **Steinkrähe** (Steinrabe, Steindohle, Steinfache.)

h. Der **Holzheher** (Eichelkrähe, Eichelrabe, Holzschreier.)

i. Der **Tannenheher** (Nußheher, Nußrabe, Birkheher.)

k. Die **Elster** (Alaster. Gartenkrähe, Gartenrabe, Azel, Hetzer. Hutscher.)

Von vorstehenden rabenartigen Vögeln sind die schädlichsten der Kolkrabe, die Nebelkrähe, die Elster (Gartenkrähe) die Dohle (in Gegenden, wo Weinbau getrieben wird.)

Fünftes Kapitel.

Jagdhunde.

Zur Rotwildjagd werden folgende Rassen von Hunden gebraucht:

Der Leithund.

Er hat wahrscheinlich seinen Namen daher, daß er stets geleitet oder geführt wird, auch soll er den Jäger auf die Fährte leiten.

Den Leithund arbeiten heißt ihn abrichten.

Mit dem Leithunde arbeiten, heißt den abgerichteten zweckmäßig gebrauchen.

Das Behängen ist die Zeit, in welcher derselbe abgerichtet und gebraucht wird.

Die Halsung ist das lederne Halsband, an welchem ein Ring befestigt und durch welchen eine aus Hanf und Bockshaaren verfertigte fingerdicke Leine, das **Hängeseil** genannt, gezogen wird.

Der Jäger **zieht mit dem Leithunde aus**, er geht nicht mit ihm aus. Er **faßt ihn an das Hängeseil**, d. h. er zieht dieses durch den Ring an der Halsung, um ihn zu führen.

Er hat eine gute Nase, wenn der Geruchssinn stark ist.

Er fällt auf oder **fällt die Fährte an**, wenn er mit dem Geruchssinn die Fährte des Rotwildes bemerkt und gleichsam die Nase hineinsteckt.

Er übergehet nicht, wenn er jede Fährte anfällt.

Er zeichnet, wenn er auf der Fährte steht und mit der Nase gerade darauf zeigt.

Es ist ihm gerecht, wenn er munter und begierig die Fährte anfällt.

Es ist ihm nicht gerecht, wenn er nicht freudig auf derselben fortsucht.

Mit dem Hunde nachhängen heißt mit demselben der Fährte folgen, die er gezeichnet hat.

Er wird abgetragen, wenn man ihn auf den Arm und von der Hirschfährte abnimmt.

Vorsuchen heißt einen Teil des Waldes mit dem Leithunde umziehen, um mit seiner Hilfe angeben zu können, wie viel Rotwild hinein- und herausgezogen ist.

Man richtet zu Holze, indem beim Vorsuchen alle **gerechten** Fährten verbrochen werden.

Verbrechen heißt, ein abgebrochenes Ästchen auf die Fährte werfen.

Will man eine Hirschfährte verbrechen, so muß das **abgebrochene Ende** des Ästchens auf derselben dahin zeigen, wohin der Hirsch gezogen; bei der Fährte eines Tieres das **laubige Ende**.

Der Bruch ist der grüne Ast, mit welchem die Fährte bezeichnet wird.

Es ist bestätigt, wenn man vorgesucht und zu Holze gerichtet hat, also anzugeben weiß, wie viele Hirsche in einem Bezirk stehen.

Erneuern oder **verneuern** heißt das Vorsuchen wiederholen.

Man läßt den Hund schießen, indem man ihn während der Arbeit auf der Fährte am Hängeseil weiter fortläßt.

Der Hund ist führig, wenn er ein Jahr alt und zur Arbeit tüchtig ist.

Er ist gut behangen, wenn er lange und sehr breite Ohren und an beiden Seiten herunterhängende Lefzen hat.

Beim Leithunde und bei allen Hunden sagt man **Rute** statt Schwanz; **Läufe** statt Füße; **Schweiß** statt Blut.

Die Hündin ist **läufisch** oder **läufig** in der Zeit des Begattungstriebes.

Sie binden sich (hängen) mit dem Hunde.

Sie wölfen, sie gebären nicht.

Der Schweißhund.

Eine Art von Hunden, die für den Jäger bei Ausübung der Hohen- und Mitteljagd auf Haarwild eine unentbehrliche Hilfe ist, denn viel angeschossenes Wild würde ohne denselben verloren gehen.

Nie darf der Schweißhund die Witterung der Fährte achten, sondern muß bloß dem Schweiße folgen, und nicht eher laut werden bis er verwundetes Wild im Gesicht hat oder wenn dieses **sich vor ihm stellt**.

Eine seiner besten Eigenschaften ist die, **wenn er tot verbellt**, d. h. wenn er laut wird, wo das Wild gestürzt und verendet ist.

Wird das Wild aufgebrochen, so erhält er etwas Schweiß, um ihn immer mehr **genossen zu machen**, aber nie gebe man ihm Wildbret oder Gescheide, wenn man ihm nicht das **Anschneiden** (Anfressen) angewöhnen will.

Bei angeschossenen Rehen kann man sich statt des Schweißhundes eines auf Schweiß gearbeiteten Dachshundes bedienen, vor dem sich oft das Reh stellt, weil er klein ist.

Zur Bärenjagd werden gebraucht **deutsche Jagdhunde** und **Hetzhunde**. Letztere sind:

a. **Bullen- oder Bärenbeißer**.

b. **Englische Doggen**.

c. **Dänische Blendlinge**.

Auf **Schwarzwild** gebraucht man den **Leithund** und vorzüglich von den Hetzhunden die **Blendlinge**.

Eine andere Art Hunde unter dem Namen **Finder** (Saubeller) bekannt, ist bei Saujagden von großem Nutzen.

Man gebraucht den Ausdruck: **Er stellt**, oder **er gibt Standlaut**, wenn der Finder vor Sauen laut ist und sie nicht von der Stelle läßt. Die Finder sind keine besondere Rasse, sondern jeder Hund, der auf Saue geht, kann brauchbar sein. Er muß starkknochig und dauerhaft sein, sowie dicht- und langhaarig, als Schutz gegen manchen gefährlichen Schlag. Er darf **nicht führtenlaut sein**, d. h. nicht eher laut werden, bis er die Sauen im Gesichte hat.

Der wirklich gute Finder soll auch **rein** sein, d. h. er darf keine andere Wildart jagen (den **Dachs** ausgenommen.)

Bei der **Wolfsjagd** sind Jagdhunde und leichte Hetzhunde anwendbar.

Zur Betreibung der **Hasenjagd** ist ein gut **gearbeiteter Hühnerhund** unentbehrlich. Er muß eine gute Suche und Nase haben d. h. er muß beim steten Hin- und Herrevieren vor dem Jäger, das Wild schon in beträchtlicher Entfernung wittern. **Gehorsam** ist bei ihm das erste Erfordernis; er wird dann, je nachdem die Hasen vor ihm aushalten oder nicht, in gehöriger Entfernung **vorstehen**, sich **abrufen** oder **abpfeifen** lassen, **keinen eher aufstoßen**, bis der Zuruf des Jägers ihn dazu berechtigt; noch weniger einen herausfahrenden **je laut,** auch nicht einmal **stumm jagend** folgen, insofern nicht Schweiß in der Spur und der Ruf:

Cherche, apporte! es ihm zur Pflicht macht. Den erlegten Hasen darf er nicht herumreißen, sondern muß ihn augenblicklich dem Jäger bringen.

Der Hühnerhund wird ferner bei Jagd auf **Kaninchen, Waldschnepfen, Rebhühner,**

Wachteln, Sumpfschnepfen, Rohrhühner, Rebhühner, Fisch- und Sumpfotter, Füchse und wilde Katzen gebraucht, und der gute Hühnerhund hat bei der Niederjagd für den Waidmann denselben Wert, wie der Leithund bei der Hohen-Jagd.

Bei der Hasenjagd bedient man sich auch der **deutschen Jagdhunde** und der **Windhunde**.

Die Jagd mit Windhunden heißt Hetze; das strichweise Hin- und Herreiten auf den Feldern, um die Hasen aufzustoßen, Suche.

Hetzriemen wird der 2 Finger breite Riemen genannt, den der Hetzende über die linke Schulter unter den rechten Arm nimmt, durch dessen Ring eine 3 Klafter lange Leine (**Strick**) deren anderes Ende durch die Ringe an den Halsungen von 3 bis 4 Windhunden gezogen wird, worauf die **Jägerschleife** gemacht wird.

Junge Windhunde **hetzt man ein**, indem sie mit einem alten Hunde gelöst und durch ihn zum Fangen der Hasen angeleitet werden. Der Zeitpunkt des Lösens wird das **Anhetzen** genannt.

Sie sind **verhetzt**, wenn Hunde zu oft angehetzt und dadurch von Kräften und Atem kommen und umkehren.

Wenn die Hunde den Hasen einholen, und ihm überall, wohin er sich wendet, zuvorkommen, so sagt man: sie **rahmen**; kann er gar nicht mehr fort, so **fangen** oder **greifen** und **würgen** sie ihn. Sehen sie den herausfahrenden Hasen augenblicklich, **so äugen sie gut**; fangen sie, ohne oft vorher zu rahmen, **so nehmen sie gut auf**.

Befindet sich am Strick **einer**, der die andern nicht zum Reißen kommen läßt, sondern vom gefangenen Hasen abbeißt, so wird er **Retter** genannt.

Der Windhund, welcher einen **alten** Hasen ohne Beihilfe eines andern Hundes zu fangen versteht, wird **Solofänger** genannt.

Die Hunde **haben gut Geläuf**, wenn der Boden, auf dem gehetzt wird, weder zu hart noch zu weich ist, im umgekehrten Falle **schlechtes**.

In gebirgigen, waldigen, unzugänglich bruchigen und Heidegegenden kann man die Hasenjagd mit Nutzen mit **Jagd**- oder **Wildbodenhunden** betreiben.

Der **Dachshund** wird auf Dachse und Rehe gebraucht.

Zur **Fischotter**- und **Sumpfotter-Jagd** werden starke **Hühnerhunde**, von der sehr langhaarigen Rasse (eigentliche **Wasserhunde**) genommen.

Zur Fuchsjagd bedient man sich außer des Hühnerhundes der **deutschen Jagdhunde** in unzugänglichen Brüchen und Sümpfen in großen rohrigen Seen und Teichen in bergigen Waldgegenden und überall, wo nicht getrieben werden kann;- auch **Windhunde** kann man an Wiesen oder holzleeren Plätzen zur Fuchsjagd anstellen.

Um Füchse aus den Bauen zu jagen, bedient man sich der Dachshunde.

Die Engländer jagen den Fuchs par force.

Auf **wilde Katzen** wendet man Hühnerhund und Dachshund an.